Contenido

Prefacio

Durante un tiempo ya, comenzando desde mis estudios doctorales en antropología, estuve siempre visitando a través de mis múltiples cursos, la problemática de la identidad nacional puertorriqueña y siempre me encontraba con un problema, si la identidad nacional puertorriqueña es una construcción imaginativa inventada por un grupo de poder en particular, entonces porque la llamamos; 'puertorriqueña', si verdaderamente no representa a toda la población nacional. Es ahí donde comienza mis cuestionamientos que me llevaron a elaborar este libro.

Se habla de una docilidad del puertorriqueño, como también la falta de una identidad política nacional puertorriqueña, que si el puertorriqueño es esto o el puertorriqueño es aquello otro, pero en realidad, de cual puertorriqueño estamos hablando, el de la masas populares pobres y marginadas o de aquel que la va reconstruyendo a través del espacio y tiempo, basado en una agenda política/económica en particular, al cual aparece dentro de un "juego lingüístico".

Lo más acertado que las burguesías criollas han creado, es quizás de maneras conscientes o inconscientes mantener no solamente a las masas populares confundidas sobre su propia identidad nacional, pero que esta confusión aparentemente consciente o inconscientemente también ha llegado hasta los mismos centros de elites intelectuales nacionales, como también las mismas burguesías y pequeño burguesías nacionales en sus choques directos con un opresor mucho más sofisticado que ellos.

Cuando digo de maneras conscientes o inconscientes, es quizás por lo complicado de la realidad cultural puertorriqueña. Puerto Rico no solamente sigue siendo una colonia, pero aparte de eso, ha sido una colonia de un imperio, a cual fue derrotada por otro imperio más poderoso, que ahora nos domina con unas nuevas y más efectivas técnicas biopolíticas psicosociales culturales de dependencia, disciplina y domesticación de las que existían en el pasado, y en muchas ocasiones difíciles o imposibles de detectar o comprender, o hasta de analizar.

Quiero darles gracias a todos aquellos que si creyeron en mí y no me abandonaron en las malas, que fueron muchas, pero especialmente a mis difuntos padres, que yo sé, que siempre esperaron de mí, lo mejor y mucho más. Hoy soy aquel 'boricua' de un padre de descendencia pequeño burguesa de Cidra y una madre al cual desciende de un 'jibaro' judío y una madre indígena taína de las montañas de San Salvador de Caguas, o sea, 'jibara' de a verda. So para ellos y todos aquellos boricuas buscando una identidad nacional alterna, ahí va esta, con mucha vianda con bacalao, una raja de aguacate y un poco de pique pa calentar la cosa.

Introducción

Desde el momento en que el literato puertorriqueño, Rene Márquez produjo en los inicios de los 60's su polémico ensayo llamado, "El Puertorriqueño Dócil" se ha desatado una serie de cuestionamientos sobre la certidumbre de dicha docilidad, que curiosamente se ve continuamente entrelazada históricamente con la construcción de la identidad nacional puertorriqueña y el discurso político colonial de las burguesías criollas nacionales.

De que si existe dicha docilidad, podríamos decir que hay múltiples indicadores de su insistencia y presencia en el comportamiento psico/social del puertorriqueño. La pregunta esencial aquí no debería ser si el puertorriqueño es dócil o no, pero de donde proviene y como se construye dicha aparente docilidad y cuáles han sido sus propósitos y consecuencias particulares. Como en la mayoría de las naciones/estados las identidades nacionales han sido o construidas, imaginadas o inventadas (Anderson, (1961), Hobsbawn, (1983), Ranger , (1983) Gellner, (1983) Smith, (2004), Guibernau, (2004), esencialmente por grupos de poder con la intención de asumir o mantener dicho poder, creando supuestas 'verdades' a través de sus discursos narrativos que correspondan y están directamente asociados a los intereses de aquellos, que buscan o mantienen principalmente el poder político/económico.

Las invenciones o imaginaciones que nos comentan los historiadores Benedict Anderson, Eric Hobsbawn y Terence Ranger, en las construcciones de identidades nacionales son variadas. Desde recientes invenciones en tradiciones europeas, hasta las unificaciones político/etno/nacionales del desmembramiento geográfico de naciones Africanas durante la colonización europea después de la Conferencia de Berlín a finales del siglo 19, como por ejemplo, en el caso de Zimbabue en las luchas y conflictos entre las naciones Shona4 y Ndebele al cual Ranger analiza o en el caso de Nigeria, entre las etnias Hausa, Ibo y

Yoruba, para nombrar algunas. El caso de Puerto Rico también contiene su particularidad, que al contrario con las construcciones de las naciones/estados, Puerto Rico, aunque una nación, carece políticamente ser un Estado soberano y continua siendo una colonia de más de 500 años y dos imperios, o sea, dentro de una experiencia exclusivamente colonial, en donde la soberanía política no se ve cerca dentro del electorado puertorriqueño aun cuando existe una crisis política económica rampante al cual confronta el país, que aparentemente la población puertorriqueña prefiere emigrar que combatir en contra de aquellos que los han llevado a dichas circunstancias. O sea, que la docilidad existe en el saber que se es culpable de algo, pero no saber o se comprende de qué. O quizás, con una docilidad, que prefieren huir de la patria que aman, que liberarse de aquellos que los someten. Dicha docilidad es tan enfermiza, que el posible y único remedio con posibilidades plausibles, aparentemente los enferma psicosocial y económicamente aun más de lo que se está en el presente. Y en lo peor de los casos, es que aparentemente la existencia de nuestra identidad nacional está directamente asociada a una mentalidad colonial de un sometimiento político, amparada en la docilidad, de la ineptitud colectiva de alguna liberación, que no sea aquella que provenga del sometimiento colonial mismo.

En este trabajo tratare de conectar todos aquellos puntos relevantes en la realidad relacionada con la cuestionada docilidad referente a la psicología/social de los puertorriqueños. Mirare dicha realidad desde los finales de la colonización española hasta las migraciones masivas de puertorriqueños hacia los EEUU desde y antes de 2005, causadas por el debacle y estancamiento del experimento político/económico colonial iniciadas en la época Tugwell/Muñoz (Rexford Tugwell y Luis Muñoz Marín). En dicho proceso analizare la construcción de la identidad nacional, el discurso político colonial y si existen vínculos que se entrelazan con la aparente docilidad política de los puertorriqueños.

Este proceso es uno sumamente complicado, ya que podríamos asumir que la esencia del poder proviene directa y exclusivamente de los sectores tradicionales de poder, pero debemos entender que los sectores al cual se ejerce poder también muestra una resistencia, pero se podría también pensar que dicha resistencia sea una que se obtenga consciente/inconscientemente a través de diversas tecnologías de poder (control y domesticación) al cual se podría asumir, pretender y hasta creer que su modo de poder/resistencia sea una al cual consciente/inconsciente se piense que los separe por una parte, pero los une por otra, pero que en realidad lo que podría estar verificando es el discurso narrativo del 'otro' y en que dicho proceso quede desamparado ideológicamente de conocimiento/resistencia, ya que su poder proviene en esencia del discurso narrativo del 'otro', al cual él ejerce y que al final lo llena de una culpabilidad que el mismo no comprende y lo hace percibir cierta docilidad que los frustra, ya que no pueda aceptar o permitir ciertas alternativas que el mismo en el pasado acepto como alternativas no viables, aceptando una derrota al cual no comprende otra solución y que los condena a una ansiedad depresiva colectiva, sumergidas en la docilidad misma.

Es como por ejemplo, cuando se acusa, prejuicia y condena aquellos que sufren de diversos males socio/económicos y el único que no se le recusa son los modelos institucionales y jurídicos que esconden más de lo que revelan y se autoproclaman de ser los portadores del conocimiento y la 'verdad'. Si no miren a la mediática editorial política, repleto de políticos, abogados, economistas y psicólogos, que nos presenten su supuesto peritaje epistemológico de la "verdad" y en donde aquel que está condenado a la pobreza y marginalidad, busca en el aquel mismo que posiblemente lo empobreció, alguna alternativa no revelada de su pobreza, despojándolo de su poder o resistencia, domesticándolos a aceptar dentro de su ansiedad depresiva cierta docilidad, al cual el percibe dentro de un derrotismo, que su poder y libertad han sido minimizadas.

El comenzar desde unas posturas diacrónicas/sincrónicas, o sea, de espacio y tiempo son necesarias para construir una genealogía de la evolución de los procesos que nos llevan hasta el presente y nos presenta una posible, de las múltiples perspectivas de una realidad que contienen continuas complicaciones ontológicas.

Desde los procesos de luchas hegemónicas de poder entre la burguesía criolla y las administraciones coloniales españolas a partir de a mediados del siglo 19 en Puerto Rico, es que comenzamos a ver como la construcción de una identidad nacional puertorriqueña, comienza a dar tropezones en su finalidad de la obtención de algún poder político dentro de la colonia misma. Desde su inicio es aparente que la construcción de la identidad nacional no es una que se imagina como aquella que se libera de las fuerzas coloniales, pero se reafirma la mentalidad colonial con un mínimo deseo político de alguna autonomía dentro de la misma colonia y se combate aquellas fuerzas de liberación colonial, como antagonistas a dicho poder y donde prevalece una identidad nacional incompleta, que continua adherida culturalmente a la identidad del 'otro', o sea, a la del poder colonial mismo. Claro ejemplo de dicha identidad disfuncional fue, la del "El Gibaro" de Manuel Alonso, donde se denota el amor por una "madre patria" dentro de su disfuncionalidad psico/social colonial, donde este criollo ya no se siente o percibe "ser" Español, posiblemente por los prejuicios coloniales de los españoles mismos y se esconde detrás de una máscara (el jibaro), al cual el aborrece socio/cultural y económicamente en su consciencia de pertenecer culturalmente una clase social económica dominante y dominada a la misma vez. Esta dicotomía produce una condición psico/social que los lleva a una docilidad pragmática de una iniciativa política nacional amparada y construida dentro de una identidad cultural, que conlleva una disfuncionalidad de querer ser lo que no es, en los ojos de aquel que los coloniza, ni de tampoco de aquellos al cual ellos consideran subalternos, primitivos y retrasados culturalmente.

La conflictiva entre el criollo burgués y el proletario campesinado (jibaro), al cual la historiografía oficial criolla nos aparenta ocultar por razones obvias, son desconstruidas y traídas a la luz en el análisis que nos hace Kelvin Santiago Valles durante la sucesión colonial después de la guerra Hispanoamericana (1898) en su libro; "Subject People and Colonial Discourses" (1994). En tal análisis, se denota un jibaro, que durante la sucesión colonial de España a los EEUU, toma la oportunidad histórica, donde la presencia controladora militar española se desvanece, para crear una confrontación masiva, directa, violenta y hostil en contra la burguesía criolla insular. Uno podría deducir que dicha confrontación no sería posible, si las relaciones socio/económicas culturales entre ambos grupos no fuesen antagonistas y polarizante y sospechosamente enmarcadas de una violencia judicial iniciada por las burguesías criollas con las protecciones administrativas militares españolas. En dicho análisis se denota que este jibaro no era tan sumiso y dócil como las burguesías criollas las querían proyectar y construir, pero a su vez demostraban, que quizás eran más pragmáticos y estratégicos en sus luchas, que en vez de ser una de unidad nacional organizada, eran aquellas de reacciones de resistencias de clases sociales marginadas comunitarias, ante las injusticias de ciertas prácticas socio/económicas directamente vinculadas a las burguesías criollas.

Estas luchas llevan a las clases intelectuales criollas burguesas de la época a reconsiderar la imaginaria de la identidad nacional criolla durante la llamada; "Generación de los 30'". Entre los que se encontraban; Samuel R. Quiñones, Vicente Géigel Polanco, Alfredo Collado Martell y el de más influencia dentro de la temática teórica social de la identidad nacional, al cual aparentaba ser fuertemente influenciado por las teorías deterministas sociales geográficas Ratzelianas; Antonio S. Pedreira, en su reconocida obra; "Insularismo". Más allá de como vemos la interpretación de visión patriarcal/burguesa analizada por Juan Flores al insularismo de Pedreira en su: *Insularismo e ideología burguesa en Antonio Pedreira* (1979), y de Arcadio Díaz Quiñones, en "La Memoria Rota", que va mas allá para proponer la

8

asociación de la obra de Pedreira con la ideología colonialista de Muñoz Marín y el PPD, en donde se justifica alguna crisis identidaria colonial después que no confluyese con la necesidad de una modernidad capitalista dominada y controlada, por la política burguesa criolla nacional. En esencia estos autores y críticos de "Insularismo" tienen dos denominadores de importancia, la primera es que la intelectualidad criolla intentan crear un sentimiento patriarcal/burgués en su proyección de la identidad cultural y segundo, que estas no confluyese con su ideología de una política nacional colonialista.

La tesis principal de "Insularismo" y del pensamiento intelectual criollo, era crear y establecer una visión de desorientación psico/social concerniente a la identidad cultural del puertorriqueño, algo que la patriacalidad burguesa entonces nos iba a proveer encarnado en una ideología política cultural nacional, infectada con el *virus* de la docilidad colonial de la mentalidad psico/social de la burguesía criolla, o sea, la desorientación aparentaba ser una reflexión enfermiza e infantil de la misma burguesía criolla, al cual ellos iban a dispersar ese virus patológico cultural irónicamente, por el bien de la patria. Al final, Pedreira aparenta ser dentro de su propia metáfora literaria, como aquel almirante de una nave pérdida, al cual los vientos siempre aparentan querer llevarlos a puertos extranjeros, o sea, no es la patria la que está perdida, pero es el mismo individuo que aparenta estar perdido, con toda su tripulación de la burguesa nacional criolla, infectados con el maldito virus de la docilidad y que al encontrar frustrados el puerto patrio, inevitablemente infectara al resto de las masas.

Como veremos más tarde, estos criollos dentro de sus temores engendrados en su docilidad política, al cual históricamente y en múltiples ocasiones, dentro de una timidez públicamente dócil, se mostraban ante la prensa colonial, enmascarándose del 'otro' (jibaro) que detestaba, para desafiar a las instituciones de poder colonial, (Mirar a Francisco Scarano, "Puerto Rican Masquerade", 1996). Al cual su comportamiento era, como un niño infante, que se esconde detrás de una máscara y que se presuponía estar hablando con la voz de un subalterno que no tenía una clara voz (el jibaro) dentro el ámbito político colonial y que por otra parte, racialmente aísla y acusa al resto de la población no blanca, de ser supuestamente los culpables de nuestra docilidad política, quedando ellos ajenos a toda "mea culpa". Al final, detrás de la cortina de humo que producen, si ven unos niños infantiles que lloran y culpan a todo el mundo de sus propias ineptitudes y docilidad, para así poder justificar y aceptar la domesticación colonial al cual él se autoimpone, como aquel eterno lacayo.

En el transcurso de los veinte y los treinta, hubo intentos de incorporar políticamente al proletario trabajador y el campesinado puertorriqueño que sufrían injusticias laborales tanto de parte del colonizador estadounidense como también de los hacendados criollos burgueses en un partido político, el Partido Nacionalista. El sector ideológico de este partido; Pedro Albizu Campos, Juan Antonio Corretjer, Hugo Margenat, Clemente Soto Vélez y José Coll y Cuchí intentó penetrar sus ideologías de diferencias de clase socio/económicas al campesinado jibaro puertorriqueño y al proletario trabajador, pero estas gestiones política ideológicas marcaron una seria amenaza a las administraciones coloniales y más aun a las burguesías criollas en sus ínfulas de poder político dentro de la colonia. La represión militar y policial fue inmediata y conllevo al Partido Nacionalista a optar por la alternativa no excluida ideológicamente de su partido que era la violencia armada como respuesta a cualquier provocación de hostilidad fascistas policiales de las administraciones coloniales controladores y represivas norteamericanas con la cooperación de los lacayos de la burguesía criolla. O sea, que vemos ya, unas clases sociales económicas (pequeña burguesía, proletarias y del campesinado) distinta de aquellas de la burguesía criolla, que está dispuesta a tomar las armas si era necesario, desafiando la idea de la docilidad expuesta por los ideólogos criollos burgueses, al cual se encubrían como falsos héroes y defensores de la patria, detrás del poder represivo colonial de la metrópolis.

Cuando me refiero a "la cooperación de los lacayos de la burguesía criolla", naturalmente se suscita el nombre de Luis Muñoz Marín, un criollo burgués proveniente de una figura paternal política como lo fue, Luis Muñoz Rivera, que antes de él, también vio al autonomismo político como alternativa política colonial, "de tal palo, la estilla". Muñoz Marín, que inicialmente fue un joven que no estuvo muy interesado en la educación académica, a pesar de las insistencias de su padre y se convirtió en un joven bohemio de tendencias independentista con ínfulas de poeta de 'vanguardia' allá en el "Village Gate" en Nueva York. A su regreso a Puerto Rico, casado con una mujer puertorriqueña que era miembro del Partido Nacionalista de Albizu Campos, pero que de la noche a la mañana da un giro de 180 grados y públicamente anuncia que su ideología política independentista, que en una ocasión, "estaban a la vuelta de la esquina", de un momento drástico emocional, "fueron errores de juventud" y que desde ese momento comienza a crear una estrategia ideológica criolla burguesa de matices coloniales que enajena y prácticamente expulsa a todos los miembros independentistas dentro del Partido Popular Democrático, como en el caso de; Vicente Géigel Polanco. Pero su mayor enemigo no era aquellos independentistas criollos burgueses, pero era aquellos que acudían al apoyo político de las clases socio/económicas del campesinado y proletario trabajador puertorriqueño, que como su padre, que vio al organizador laboral Santiago Iglesias Pantín como su gran enemigo y que no se dio vencido hasta verlo encarcelarlo, así también Muñoz Marín miraba la presencia del Partido Nacionalista y su líder; Pedro Albizu Campos, que en el caso particular de Albizu Campos, fue grandemente responsable de su asesinato y que históricamente llevara sus manos manchadas, en dicha asquerosa y repugnante infamia, de una cobardía de naturaleza colonial dosificada.

Tan pronto que Muñoz Marín y las fuerzas represivas coloniales norteamericanas se desasen de Albizu Campos, tiene las puertas abiertas para comenzar con sus aliados coloniales lo que Raymond Carr llama "El Experimento Colonial" (Carr, 1984). Es aquí donde por primera vez

11

se les concede a los criollos burgueses su anhelado sueño de dirigir la colonia a cambio de producir y propagar a las masas populares ciertas tecnologías de conocimiento/poder sobre la creación de una identidad cultural nacional que fuese aliada de una ideología política cultural nacional concebida en la preservación del estado colonial prevalente. Es aquí donde Muñiz Marín y el último gobernador norteamericano, Rexford Tugwell se unen en una dupleta hecha en el cielo para algunos o quizás en el mismo infierno para otros, donde ambos satisfacen sus agendas dentro de un gran experimento de ingeniería social aplicado a una colonia como laboratorio socio/cultural (Lapp, 1995), con miras políticas/económicas que satisficieran los deseos imperialistas y coloniales de ambas partes.

La visión y estrategia de dicho experimento contiene dos posturas y objetivos, una económica y otra, político/social/cultural. El experimento económico que tenía como objetivos el crear una transformación de una economía puertorriqueña basada en la agricultura, a una al cual se transformaría en una economía industrial de la explotación de manos de obra barata, dentro de la modernidad capitalista posguerra. En este aspecto prevalecía la expertiz del gobernador Tugwell, al cual era un economista de profesión. Tugwell que fue anteriormente un profesor de economía en la distinguida Universidad de Columbia, fue consultor para la presidencia de Franklin D. Roosevelt durante la "Gran Depresión" y sub-Secretario de Agricultura Norteamericano. La iniciativa de Tugwell, un estudioso de las teorías económica sociales de John Maynard Keynes, de un capitalismo que entendía y reconocía la intervención del Estado en los asuntos económicos, al cual llevaron a FDR a sacar a los EEUU de la depresión económica que sufría EEUU durante la década de los 30'. Las ideas de Tugwell, que desde un principio no hubiesen podido implementarse en los EEUU, debido a sus tendencias socialista, fueron más tarde readaptadas con los cambios implementados por el planificador urbano/económica; Harvey Perloff, al cual abriría las puertas a la inversión de capital extranjera foránea, mejor dicho; los norteamericanos. Este experimento fue llamado; "Operation Bootstrap", conocido en Puerto Rico como; "Operación Manos a la Obra", que quizás hubiese sido mejor llamarla; el programa de "explotación de mano de obra barata" de la colonia americana de Puerto Rico.

Por la otra parte, el experimento político, social y cultural, conllevarían la implementación de parte de ciertos sectores de la burguesía criolla nacional en la búsqueda de un consenso popular mayoritario en su aprobación. Este experimento era una al cual el gobierno de la Metrópolis, que ya iba sintiendo las presiones de las leyes internacionales pos guerra concernientes al colonialismo, específicamente de parte de, la Unión Soviética, China y los países no-alineados, que en su mayoría eran naciones/estados, pos coloniales, y es aquí entonces, que se crea la ley 600 y la implementación del, "Estado Libre Asociado" (Commonwealth), para apaciguar la crítica internacional.

Veremos más tarde, que dicha implementación política en Puerto Rico, fue y es lo que yo llamo, *La Gran Mentira Colonial*. La creación del Estado Libre Asociado fue una que daba un testimonio legal falso de la descolonización de Puerto Rico a nivel internacional, y que por otra parte se contradecía directamente con la constitucionalidad del sistema de la política republicana norteamericana y la misma Constitución al cual la amparaba. (Colon-Ríos y Hevia, 2006) Se podría decir que Muñoz Marín fue engañado en dicho arreglo legal, pero la historia también nos podría señalar el conocimiento de parte de dicho grupo, que tantos beneficios políticos les brindaban y que no eran fáciles, el no aceptar.

Con el experimento culminado y implementado en 1952, la parte política económica estaba en posición ahora en dirigir al país con su nueva fórmula, pero faltaba las bases sociales y culturales para fortalecer psico/socialmente a las masas populares de dicho proyecto colonial. Es aquí donde vemos la sospechosa complicidad de Muñoz Marín en dichos procesos. La creación del Centro de Investigaciones Sociales (CIS) de la Universidad de Puerto Rico, fue la creación mutua de Tugwell y aquella de los sectores intelectuales ideológicos burgueses criollos, dirigidos por Jaime Benítez, para establecer intelectual y académicamente la grandeza política económica social y cultural del nuevo proyecto colonial, creando en la UPR el gran laboratorio social puertorriqueño, que al final se podría establecer irónicamente que termina en el periodo en que el antropólogo norteamericano Oscar Lewis, escribe aquella polémica investigación sobre la pobreza y la disfunción socio/cultural en Puerto Rico con su libro titulado; "La Vida".

> "Ya en enero de 1953, *The Annals of the American Academy of Political and Social Sciences* le dedica a este programa –tornándose– modelo un número monográfico bajo el título de *Puerto Rico: A Study in Democratic Development* (Hansen y Wells, 1953). Éste incluye artículos de los más reputados intelectuales de los nuevos Development Studies, como John Kenneth Galbraith a nivel económico y Rupert Emerson a nivel político, bajo títulos tan significativos como "Puerto Rican Lessons in Economic Development", del primero, y "Puerto Rico and American Policy Towards Dependent Areas", del segundo. (Quintero Rivera, 2003: 123)

En 1961, el literato puertorriqueño Rene Márquez, escribe un polémico artículo llamado, "El Puertorriqueño Dócil", que comienza a revivir aquella mentalidad intelectual de la "generación del los 30'. En dicho artículo comienza a mirar la docilidad del puertorriqueño, desde su literatura, el idioma, la educación, la religión, tanto como aquellas de sus posturas políticas. Desde el periodo de los 60' comenzamos a través de las décadas a mirar y cuestionar nuestra identidad nacional, ya no exclusivamente por los sectores de la burguesía nacional, pero de los múltiples sectores sociales académicos populares puertorriqueños y otras nacionalidades. Vemos a José Luis González, Juan Flores, Arcadio Díaz Quiñones, Quintero Rivera, Alba Nydia Rivera, Ramón Soto Crespo, Jorge Duany, Arturo Torrecillas, Arlene Dávila y Lillian Guerra (cubana americana en su disertación posgraduada bajo Francisco Scarano en la Universidad de Wisconsin, "Popular Expression and National Identity in Puerto Rico, 1998), y Nancy Morris (Universidad de Sterling, Escocia) entre otros, que nos dan una visión de una identidad cultural con ciertas definiciones, que hoy todavía nos crea una justificada ansiedad psico/social y que aparenta ser una irregular, disfuncional, ambigua y que persuade y se promueve a las masas populares desde los campos institucionales de la mediática, la religión, la administraciones educacionales en todos los niveles y otras múltiples instituciones culturales de ser algo que él cree que es cierto, pero que no está totalmente seguro y que muchos de los intelectuales y académicos denotan dichas incertidumbres, pero que quedan infundadas y analizadas dentro de una *cortina de humo* de múltiples supuestos, que en vez de aclarar, aparentan solamente entorpecer una supuesta verdad que queda guardada dentro de unos controles domesticantés de poder/conocimiento aparentemente escondidos por aquellos que la crearon y la implementaron persuasivamente a través de las masas populares, quedando estos últimos dentro una imagen de docilidad que no era suya, pero la del "otro" que la creo, con objetivos de la obtención de un poder político dentro de una mentalidad colonial de naturaleza infantil, dócil, y enfermiza.

Este imaginario nacionalista se complica más aun con las fuerzas criollas burguesas anexionistas, especialmente después del 1968 con la *"estadidad jibara"* de Luis A. Ferre, que intentan crear una imaginaria nacionalista de carácter norteamericano, en donde en el pasado el "otro" para la burguesía criolla era el campesinado proletario nacional y ahora ese "otro", se torna en la imagen nacional de la metrópolis (EEUU) algo obviamente más sofisticada, civilizada y teológicamente protestante, como un reflejo psico/social de alienación y enajenación al cual nos hablaba, Fanon y Memmi, aunque siempre con la finalidad de la

15

obtención del poder político colonial entre líneas, ya que este siempre ha sido el fin primordial de la burguesía. Este efecto ya nos era claro con la invasión en 1898 como nos describe Kelvin Santiago Valles en "Subject People and Colonial Discourses", con aquellos sectores del anexionismo español (incondicionales), ahora convertidos al anexionismo americano (penepeista). Es preciso recordar que durante este periodo, la identidad cultural criolla no estaba claramente definida y no estaba dentro de su consciencia de grupo como una prerrogativa esencial para la obtención del poder política, ya que su identidad cultural estaba directamente conectada a la de la metrópolis. O sea, es aquí donde vemos el inicio de un discurso político colonial donde la construcción de una identidad cultural o el concepto de *"nación",* no era esencial, o necesaria para la obtención del poder político, independientemente si era colonial o como parte de la misma metrópolis.

Al final, el experimento de ingeniería social y los efectos bio-políticos aplicados a la sociedad puertorriqueña han llegado a un aparente fin, ya que por un lado, los beneficios económicos y militares de la Metrópolis Norteamericano ya son cuestionados no solamente económica y militarmente, pero también dentro de los sistemas jurídicos constitucionales de la republica, como dentro de la jurisprudencia internacional. Por el otro lado, la justificación del discurso político colonial queda cuestionado, dejando a su en paso en las comunidades puertorriqueñas una identidad cultural *hibrida* con rezagos de una docilidad tanto política como cultural, al cual era incapaz de auto-reproducirse y de generar autónomamente su continuidad histórica. O sea, que era como de aquel que es culpable de algo, que desconoce el origen de su culpabilidad y por tanto no sabe como confrontar, un futuro político adecuado, ya que carece de una consciencia de una identidad nacional cultural en particular, que los asesoré a una identidad política no colonial. En gran parte esta ansiedad esquizofrénica/paranoica, fue infundada a través del miedo o el temor socio/económico, que se reclamaba persuasivamente, que de no ser una condición política/económica colonial, esto sería desastroso para Puerto Rico, por nuestra incapacidad de un autodesarrollo socio/económico (el famoso cuco institucionalizado desde Pedreira), que nos llevo a renunciar a ciertas actitudes de resistencia, o sea, la docilidad, sin comprender que todo miedo es principalmente político, pues su interés principal radica en la dominación y el control de las masas populares, por centros de poder/económicos burgueses.

Al final hay que comprender que cuando se habla de un análisis de la identidad cultural puertorriqueña, nos deberíamos preguntar específicamente, ¿La identidad cultural de quien en particular? O sea, para evitar confusiones en el análisis, si se está hablando de la identidad que las burguesías criollas quisieron imaginar, para implementar una identidad política colonial a través de las masas populares, o el de las múltiples subculturas al cual Julian Steward ("The People of Puerto Rico", 1956), encontró en Puerto Rico, a través de sus análisis del materialismo cultural ecológico, o como también aquellas, que se presentan identificadas en el exterior geográfico a través de la diáspora de trabajadores desplazados a los EEUU. Todas estas que después de la implementación del gran experimento colonial socio/económico norteamericano, con la colaboración de la burguesía nacional, fueron unificados a través de una política nacional auto-dirigidas a través de una narrativa discursiva colonial.

Hoy comprendemos la existencia de una identidad cultural, aunque como nos comenta Ramón Soto Crespo, contiene una anomalía que parece en el análisis contradictoria a una identidad política colonial existente. Lo que sí sabemos es que las identidades nacionales son construidas y que históricamente están continuamente cambiando y hasta cierto punto son motivo de emociones psico/sociales que nos identifica colectivamente a una ideología histórica/cultural que nos distingue del "otro" y hasta en muchas ocasiones nos lleva a sentir emociones xenofóbicas, no tanto como para humillar al "otro", pero como para confinar quien es uno y hasta darnos un motivo egocentrista que aparenta decir que mi "construcción" (biológica y socio/cultural) es mejor que la tuya. Aspectos que se construyen dentro de la modernidad por los intelectuales occidentales que nos definían que era lo civilizado y que era lo primitivo, en una justificación de sus deseos imperialistas por el coloniaje y explotación económica.

Para concluir esta ya larga introducción, considero necesario comentar sobre mi estilo literario y posturas teóricas, ya que detesto aquellos que por hacer una crítica, al cual considero un proceso constructivo y al cual siempre le doy la bienvenida, se me construya basado en las opiniones de aquel que solo busca un "momento banal" o como se dice en la calle; "montarse en el caballo ajeno", con el solo propósito de coger un "pon" de gratis, algo que me parece desgraciadamente típico en el "homo academicus".

Como notaran, tengo un sabor citadino de las masas populares, con combinaciones jibara/criollas, que como define "Pirulo y su Tribu"; "Soy de la Calle", Quizás me consideren 'híbrido', ya que soy una "mixta" de casualidades históricas socio/económicas que me llevaron a migrar, luego a emigrar, nuevamente a migrar y quién sabe si soy forzado, por la condición que sea, nuevamente a emigrar. Mi estilo define la dualidad de mi personalidad, de aquel que le gusta *filosofar* dentro de las "torres de marfil", pero que también le encanta la *verborrea con labia* que contiene la sabiduría de la calle. Dos "universidades" totalmente diferentes, pero si me preguntan cuál fue la más importante, les diré que el de la calle me enseño a cómo obtener la otra, que desgraciadamente, por esa no te dan un diploma doctoral dentro de la disciplina de la; "Practica Empírica Cognitiva Cultural".

Me gusta escribir tanto para el mundo académico, pero si aquel del cual escribo y comento no me comprende, entonces me convierto en un elitista intelectual, o como dicen en el barrio; "un bochinchero, que habla a las espaldas del *otro*". Aunque por otra parte me encanta esbozar mis conocimientos académicos, aunque parezcan como posiblemente diría el filosofo, Karl Popper, una verborrea de pedantería, para endosar nuestros egos elitistas, pero como el también comenta, sobre la academia, que es así al cual desgraciadamente nos enseñaron y por tanto es así como nos expresamos. Bueno, al menos yo intentare hablar con una voz que para aquellos fuera del las "Torres de Marfil", también puedan apreciar mis inquietudes, so si por casualidad, se dan cuentan que una de mis frases favoritas es; "o sea", sabrán que es mi forma de ser socio/económica culturalmente y más que nada, metafóricamente "bi-lingue", algo que cualquier bien educador debería desarrollar.

Como todo bien académico o intelectual, dejo expresar mis subjetividades con aquel humor negro, cínico y satírico que nos caracteriza, dejando a un lado aquellas posturas de una ética que nos obliga a callar, por no ser lo que los americanos llaman; "politically correct", o sea (ahí vamos), "políticamente correctos". Naturalmente estas posturas también llevan a ciertas colectividades dentro del "Homo Academicus" a poner el grito en los cielos, como si fuese una blasfemia en contra de una ética/moral, que aparenta estar en decaimiento y que tratan inútilmente de sostener.

Por otro lado, dentro de los aspectos teóricos, observaran dentro de mis influencias, ciertas preferencias por diferentes *perspectivas* teóricas al cual no solo tengo gran admiración, pero que también personalmente me 'enchulan' por su ingenio y diversidad. Me encantan los; Bourdieu, Foucault, Giddens, Sloterdijk, Žižek, Harvey, Lyotard, Baudrillard, Derrida, Habermas, entre algunos de los 'modernos' y comprendo, que sin conocer y respetar a los clásicos (Marx, Freud, Durkheim, Weber, Kant, Hegel, Nietzsche, Raymond Williams, Popper, Gramsci, Althusser, Adorno entre otros.), no podría haber tenido la oportunidad de conocer la dialéctica evolutiva del pensamiento teórico y filosófico humano del modernismo.

Como verán, mi estilo literario va más allá de lo prescrito por los anales de la academia y como se habrán dado de cuenta, intento desconstruir la historia oficial y concurrente, rompiendo con estructuras pasadas, que posiblemente me pondrían una 'etiqueta' dentro de alguna corriente teórica en particular. Para comenzar, diría que estoy opuesto a las meta-teorías o meta-narrativas, por la cual las considero, aparte de ser reduccionistas, también son de tendencias extremadamente deterministas. Ahora viene un problema que podría "revolcar el hormiguero", primero es que odio las etiquetas descriptivas que se le imponen a los individuos sin su consentimiento, ya que también las considero reduccionistas, deterministas y limitantes y en segundo lugar, y aun más importante, es que personalmente no me considero en mi totalidad de posturas teóricas; "posmodernista", aunque acepto una variedad de sus ideas y conceptos dentro de mi "paganismo" intelectual. El aceptar una etiqueta de ser un posmodernista, sería para mí un oxímoron, ya que esto me declararía exclusivamente dentro una narrativa teórica reduccionista y determinista, convirtiéndome en un teórico de una metanarrativa posmoderna, al cual no soy.

Si entiendo y comprendo los postulados del posmodernismo y como expresa Arturo Torrecilla ("La Ansiedad de Ser Puertorriqueño", 2004) y con el mas debido respeto les dejo saber, que no le tengo el más mínimo miedo al posmodernismo, eso se lo dejo y creo que compartirán conmigo, a ciertos dinosauros del determinismo y reduccionismo intelectual que aun viven en las "Torres de Marfil", que se niegan a morir o a darles paso a nuevos pensamientos, pensando que así se les podría caer definitivamente el kiosco encima. Como el mismo Lyotard ("La Condición Pos Moderna", 1979), entiendo que este movimiento posmodernista está presente, aunque para mi queda inscrito dentro de los mismos procesos dialecticos de la modernidad, también comparto con Lyotard su definición de lo posmoderno y como menciona Gary Browning en; *Lyotard and the End of Grand Narratives,* la muerta de las meta-teorías y sus lecciones del "paganismo", que yo prefiero llamar; "perspectivas", al cual legitima la producción de ideas dentro de una nueva paralogía. Comparto con Anthony Giddens, que este aparenta ser, más bien un movimiento evolutivo postradicional moderno, o como el geógrafo radical neo-Marxista británico, David Harvey, que simplemente nos dice. que hemos pasado de una modernidad "Fordista" tradicional, a una economía moderna de "acumulación flexible" posfordista, entre otras múltiples dicotomías aplicables a ambos periodos. (Ver p.119)

El problema es que el posmodernismo aparece, como el resultado de un gran movimiento de des-legitimación llevado a cabo por la modernidad europea [al cual siempre le ha causado una piquiña molestosa a cierto sectores por su etnocentrismo intelectual], del cual la filosofía de Nietzsche sería un documento temprano y fundamental (Vásquez Rocca, 2011), como también lo fue el "pesimismo" de la Escuela de Frankfort, con la 'irracionalidad de lo racional' del "Iluminismo Dialectico" de Adorno y Horkheimer (1944) y lo 'libidinal' de Marcuse, que luego es adoptado por Lyotard ("Economía Libidinal") y que se establece por ciertos sectores de forma sospechosa y curiosamente conectados al apogeo de la evolución del capitalismo moderno y la evolución del pensamiento intelectual occidental, al cual se inicia desde las transiciones de unas economía de escala, a unas economías de alcance, al cual el consumo obtiene más importancia, que la producción de los bienes, especialmente en cierto países capitalista altamente desarrollados (EEUU, Japón, Inglaterra, Francia y Alemania entre otros). A veces me dan una impresión muy aparente, de que están creando 'terror' (como decía Lyotard) y que sus intenciones son de avanzar y cambiarnos las "reglas del juego", para que no nos demos de cuenta de las continuas explotaciones capitalistas globales y sus nuevas tecnologías de poder (bio-poder) en estas avanzadas etapas de la modernidad, donde las ciencias informáticas y de comunicación promueven el consumo y el 'simulacro'. Curiosamente, ya para 1980, en un discurso del neo-marxista alemán y quizás el último exponente de aquella "Escuela de Frankfort", Jurgen Habermas, que identificaba las nociones de la emergente posmodernidad aliadas con la posiciones neoconservadoras y neoliberales, de quienes creen que la modernidad ha fracasado y que los impulsos utópicos a que dio su lugar deben ser, por tanto suprimidos, "Lo que hay que rechazar no es la modernidad, cuya herencia crítica reafirmada por la Escuela de Frankfort, todavía una fuente de "emulación para los intelectuales"; lo que debe rechazarse es la ideología (neo) conservadora de la modernidad". (Vásquez Rocca, 2009) O sea, no solamente se le quita la esperanza a los oprimidos de cantazo y dejarlos al amparo de este capitalismo de "terror" esquizofrénico de consumo, pero que ahora supuestamente lo único que podemos hacer es dedicarnos construir "pequeñas historias" de alguna realidades supuestamente basadas en la inexistencia de las 'objetividades' mismas, dentro de un marco de un aparente nihilismo anárquico. Si eso no parece una meta-teoría narrativa, ya en toda su evolución, que venga dios y me lo explique (aparte, que algunos de sus seguidores aparentan tener (no todos) un temperamento desafiante y hasta dogmaticos, muy parecido a los antiguos dinosauros académicos, que antes y que todavía combaten). Perdónenme, si se me olvido explicarles, pero posiblemente dentro de este posmodernismo, no existe un dios que nos provea esperanza, ya que según Nietzsche, "dios está muerto", o sea, como aquella *"verdad"* objetiva, que afirma este "posmodernismo, al cual yo prefiero llamar el *"neomodernismo"*, por su cercana presencia pragmática al neoliberalismo capitalista global (Reagan/Thatcher), y alejadas ontológicas y semánticamente de los posparadigmas teóricos y históricos, como por ejemplo; el posestructuralismo o la posguerra, o sea, para mí, no son "pos", sino "neo".

Uno de los problemas de este pensamiento posmodernista occidental, son como el antropólogo Charles Hale comenta acertadamente, es que;

> "Jameson argumenta que es incorrecto responder al pos modernismo con una crítica moral como con una opción teorética/cultural que una pueda aceptar o declinar. En vez, el toma el cambio histórico como algo dado que nos lleva a unas nuevas estructuras de análisis. El fenómeno posmoderno como en las políticas de identidad, combina con

insistencia que las estructuras mantienen familiaridad con nociones Marxistas de casualidad, procesos históricos y como Jameson lo pone, totalidad social. Lejos de una falla o contradicción, para algunos esta combinación facilita una explicación rigorosa del cambio…, Roger Rouse que por ejemplo emplea, una serie de conceptos, ejemplos, circuitos de (im)migración y espacios de transformación de identidad que están directamente ligados a las nociones de Jameson de la lógica posmoderna del capitalismo. Rouse argumenta que en la presente era del capitalismo transnacional, el estado, y la burguesía han respondido a la oposición política por alentar a las masas a expresar su descontento a través del idioma de la identidad. Entonces las políticas de identidad son fácilmente contenidas, porque esta yacen dentro de las premisas de la edificación burguesa que propone confrontar y fundamentalmente, porque estas se pueden descarrilar mucho más potentes formas de luchas anti sistemáticas de clase. (Hale, 1997: 575)

Al particular, comparto el análisis de la crítica literaria argentina, Beatriz Sarlo cuando nos relata, "que lejos de proveernos con las bases de una renovación celebratoria, mas certeramente refleja los efectos combinados del comercialismo y la superficialidades de la mediática saturada, de una política que, habiendo perdido escala y distancia, se ha reducido a iconos, imagines y simulacro"…, pero por el otro lado su

23

posición hacia el análisis materialista y los roles del pasado de los intelectuales "nacionales populistas" es igualmente critica y nos comenta; "pasados son los días en que los intelectuales se puedan presentar como la vanguardia con el rol especifico de explicarnos el panorama completo, como una vocación generalizadora derivada de la combinación de una ampliada visión (macro) con relaciones orgánicas a lo social" (Sarlo, 1993)

Es por eso que yo no le temo a este posmodernismo y hasta comparto algunas de sus posturas teóricas al cual siempre son bienvenidas, aunque por una lado, cuestiono si realmente son históricamente nuevas e innovadoras, pero por otro lado, tomo muchas de sus posturas con 'pinzas' y escepticismo, ya que sospechosamente, como que nos deja entrever a través de ciertas agendas 'visiblemente escondidas' de naturaleza neoconservadoras y neoliberales, donde estas son construidas, como si fuesen de una 'jalea boricua rancia y amarga'.

Al final me recuerdo de una entrevista que el periódico argentino Clarín que le hace a Ernesto Laclau, al cual lleva cierta luz al escepticismo que contengo dentro de la polaridad teórica existente cuando dice;

> "El resultado es que los sistemas políticos evolucionan en un sentido en que no hay opciones porque todas las fuerzas políticas más o menos coinciden. Pero cuando no hay posibilidad de una política radical esto empieza a explotar fuera del sistema político en una serie de formas anárquicas…, La despolitización de los sistemas políticos está en la base del surgimiento de las formas anárquicas de derecha que expresan la frustración contenida que no puede canalizarse en las

formas clásicos de la izquierda organizada." (Olga Viglieca Redacción del Clarin, 20 de agosto, 2000)

Posiblemente, si me clasificaría en algún lugar teórico que me siente por ahora más a gusto, y con mi único temor de mis lamentaciones de que me pongan una etiqueta de estereotipos, diría que me encuentro dentro de un "constructivismo social" o como yo lo prefiero llamar; un "constructivismo de perspectivas", en donde los rasgos fundamentales podría compartir como, entre otros, Pierre Bourdieu, Norbert Elías, Anthony Giddens, Peter Berger, Thomas Luckman y Aaron Cicourel, que serían:

1. La voluntad de superar las parejas de conceptos dicotómicos que la sociología ha heredado de la vieja filosofía social como las oposiciones entre, el idealismo y el materialismo, entre el sujeto y el objeto, y entre lo colectivo y lo individual.

2. El esfuerzo por aprehender las realidades sociales como construcciones históricas y cotidianas de actores individuales y colectivos, construcciones que tienden a substraerse a la voluntad clara y al control de estos mismos actores.

3. La afirmación de que como resultado de estos procesos de construcción histórica, las realidades sociales son a la vez objetivadas e interiorizadas. De modo que el principio de acción social sea la relación de determinación reciproca entre lo objetivo y lo subjetivo   Es decir, por una parte se remiten a mundos objetivados (reglas, instituciones...) exteriores a los agentes, que funcionan a la vez como condiciones limitantes y como puntos de apoyo para la acción; y por otra se inscriben en mundos subjetivos e interiorizados, constituidos principalmente por formas de sensibilidad, de percepción, de representación y de conocimiento. (Giménez, 2002)

Al final, es de mi opinión que el establecimiento de múltiples *perspectivas* teóricas podrían ayudarnos a acercarnos (énfasis) entre unas y las otras, a una elusiva objetividad condicional, en las construcciones socio/culturales de la realidad (theory building), y través del análisis exhaustivo de la data de los parámetros éticos de una teoría crítica que nunca se encuentra acabada, pero abiertos a la critica misma. O podríamos seguir las alternativas reaccionarias de la arcaica costumbre del "homo academicus", donde nos mantendrá en eternas discusiones banales de quien está en lo correcto, cayendo en las garras de nuestra (o de algún otro) propia incertidumbre, de maneras conscientes o inconscientes; ¡buen apetito!

Capítulo I

La Problemática de la Identidad Nacional y sus Vínculos

> "Justamente porque hasta en círculos académicos se ha llegado al juicio desatinado que en Puerto Rico ha existido un sólido nacionalismo cultural pero no ha existido un sólido nacionalismo político es que se hace perentorio abordar este tema en toda su detallada complejidad." (Rivera, 2007: 135)

Antes de comenzar debemos entender y comprender que es aquello al cual entendemos por "identidad nacional". Primeramente debemos asumir que identidades nacionales son construcciones mentales o "comunidades imaginadas" (Anderson, 1991) y en donde se "inventan tradiciones" (Hobsbawn y Ranger, 1983) al cual los sujetos políticos nacionales las perciben como entidades políticas discretas. Segundo, se asume estas identidades nacionales son producidas y reproducidas, tanto como transformadas y desmanteladas. Tercero, se asume que la "identidad nacional" contiene unas disposiciones y actitudes emocionales y comportamientos compartidos y internalizados a través de diferentes procesos institucionalizados de socialización como la mediática, la educación, eventos deportivos entre otros, ((Wodak, de Cillia, Reisigl, Liehart, 2009), al cual podríamos relacionar con el concepto de "habitus" de Pierre Bourdieu (1977), donde el principio de la actividad de estructurar no es un sistema de categorías universales, pero un sistema de esquemáticas de interiorización al cual se constituyen histórica y colectivamente y son adquiridos en el curso de las vidas practicas de los individuos y por tanto, siguiendo la analogía del habitus de Bourdieu, podríamos asumir quizás la existencia de más de una concepción interiorizada de la identidad nacional. Y finalmente, se reconoce la existencia de una dualidad estrecha entre la construcción del discurso de la identidad nacional y los conceptos y elementos culturales y políticos. (Daniel 2003, Gellner 1983, Hale 1997, Laclau 1977, 1994)

Otro elemento al cual este análisis incluye es aquel del "discurso" político colonial y la pregunta inmediata sería entonces definir qué es lo que yo comprendo por "discurso". Para esto yo tomo la definición que nos provee, Michel Foucault, o sea, "el discurso es aquel sistema de reglas que regulan la fluidez de poder (ambos político como judicial) que sirve a una función de promover intereses en una batalla de poderes y deseos" (Brown, 2000). Foucault nos aclara que no hay solamente un discurso dominante, sino varios discursos y que dichos discursos se generan y regeneran en diversos espacio y tiempos (Foucault, 1968), o sea, tienen una evolución dialéctica que giran con las regeneraciones de los diversos poderes y deseos de los diversos *habitus* al pasar del tiempo. Para clarificar estos conceptos dentro de la realidad puertorriqueña uno podría decir, que los procesos de identidad nacional varían con las concepciones del discurso político al cual un cierto *habitus* se visualicé, o sea, que puede haber un discurso político que se adhiere a una ideología autonomista, otra que podría promover el anexionismo y otro que promovería la independencia política o la creación de un estado/nación, desvinculado de la colonia.

De acuerdo con Wodak, de Cillia, Reisigl, Liehart, "The Discursive, Construction of National Identity" 2009; Los discursos, "Primeramente, son de gran responsabilidad en el génesis, producción y construcción de condiciones sociales particulares. Segundo, ellos pueden contribuir en restaurar, legitimación, o relativización del status quo social. Tercero actos discursivos son empleados en mantener y reproducir el status quo. Cuarto, las practicas discursivas pueden ser efectivas en transformar, desmantelar o hasta destruir el status quo."

Al nivel social, a través de las representaciones lingüísticas, las practicas discursivas podrían influir en la formación de ciertos grupos que sirven en establecer o esconder relaciones de poder y dominio entre inter actuantes, entre grupos sociales y clases, entre hombre y mujeres y entre etnias, religiones, sexualidad, cultural y mayoría y minorías sub culturales. El propósito del análisis crítico discursivo es desenmascarar ideológicamente estructuras obscuras de poder, control político, dominio, tanto como inclusiones y exclusiones discriminatorias en el uso del lenguaje. (Wodak, de Cillia, Reisigl, Liehart, 2009). Una de los usos lingüísticos que más me sirven para ilustrar lo que acabamos de establecer es el uso de la palabra "jibaro". La palabra jibaro, contiene una dualidad desde lo más nocivo y despreciable, hasta lo más icónico de la cultura nacional patriótico. Uno puede escuchar una persona burguesa o pequeña burguesa, no campesinada hablar de ser un "jibaro" (porque come viandas con bacalao y bebe pitorro) con unas connotaciones de un aparente orgullo nacional patriótico por un lado, dándose golpes en el pecho, llenos de orgullo nacional por una parte y luego referirse al "otro" (no burgués o pequeño burgués) de un jibaro, en las formas más despectivas; de aquel atrasado mental, sin educación formal, primitivo, dócil y enagotao. O como aquel que se jacta de ser un hombre de pueblo y de la calle, pero repudia despectivamente aquel que él llama, del caserío. Aquel que habla de la tolerancia racial y sexual, pero que su hija no se casara con un "negro" o que le ruega a su dios justiciero (que por cierto, se parece mucho a ellos), que su hijo no le salga 'maricon'. O sea, si eres del caserío, negro y gay, ya tienes tres "estrae", pero al final de cuentas, el que posiblemente establece el discurso, te dice que eres como él; "puertorriqueño de la mata" y sale cantando; "que bonita bandera". Al final de cuentas, puedes que le creas o no, pero irónicamente te das cuenta que eso fue; "lo que trajo el río…y que no hay mas na".

Finalmente, tenemos la problemática de la docilidad. Este problema parece agudizarse en el 1961 con el ensayo de Rene Márquez llamado; "El Puertorriqueño Dócil", al cual cuestiona la incidencia de la docilidad en el puertorriqueño. Márquez comienza describiendo el termino docilidad como sigue; "Docilidad es carecer de fuerza y aun de voluntad para oponer resistencia a lo que los demás exigen, insinúan o mandan; cierta como propensión a obedecer, a seguir el ejemplo, la opinión, el consejo de los otros, lo cual nace ya de propia debilidad y flaqueza, ya de ignorancia, ya de desconfianza de la propia inteligencia, conocimiento o fuerza".

Primeramente mi problema con esta premisa es que el término; "puertorriqueño", que inicialmente me parece muy amplia y como al principio de este capítulo establecimos con el concepto de "habitus" que nos trae Bourdieu, una comprensión que podríamos asumir que quizás existe más de una concepción de identidad nacional, o sea, más de un supuesto puertorriqueño. Entonces dentro de nuestra evaluación crítica, debemos iniciar nuestro análisis identificando cual es el génesis de esta docilidad, que es lo que la motiva, y cuál es su poder discursivo. O sea, que posible practicas discursivas podrían influir en la formación de este grupo en particular que le puedan servir en establecer o esconder relaciones de poder y dominio. Si esta concepción de la docilidad proviene de los sectores de más influencia y poder socio/económico podríamos asumir que quizás estos quieran proyectar o establecer, o posiblemente esconder alguna motivación de poder o dominio político. Esto no quiere decir que dicho discurso sea automáticamente aceptada por otros grupos o habitus participantes. Si miramos a los estudios etnográficos realizados por el antropólogo político norteamericano, James Scott (1990), el nos trae sus conceptos de las, "transcripciones oficiales" y las "transcripciones escondidas" en donde vemos las relaciones de poder/resistencia entre los diversos grupos de poder/conocimiento. Scott nos relata que aunque en apariencia un grupo (habitus) aparenta aceptar sin argumentar el discurso del 'otro' (transcripciones oficiales), en realidad este grupo muestra su poder/conocimiento aceptando sus premisas, aunque estratégicamente busca imponer con su limitado poder una agenda al cual el también podría estar escondiendo (transcripciones escondidas).

O sea, como Bourdieu postula, existe una relación dialéctica entre el "campo", el "habitus", en donde el "campo" es el espacio social de un sistema de posiciones sociales que se definen las unas de las relaciones con las otras, en donde el espacio social es un sistema de relaciones jerarquizadas, por ejemplo la burguesía/proletario o profesor/estudiante, pero como vemos en la analogía de Scott, el agente se podría ajustar a las distancias sociales entre las posiciones en una dosis de conformismo, pero pueden también en periodos de crisis, redefinir las distancias sociales y recordando siempre que el espacio social es multidimensional y compuestos de múltiples campos autónomos , aunque siempre articulados entre si, como por ejemplo el campo político, religioso, intelectual, literario, académico entre otros. (Bourdieu, 1982)

Es aquí donde Bourdieu utiliza el concepto de la analogía del juego de póker y donde explica esta relación del espacio social. O sea, en el juego los jugadores juegan ferozmente entre sí, con sus diferentes estrategias y capacidad de apostar (capital) y que reconocen el valor del juego y que vale la pena jugar. Estas relaciones de poder entre los jugadores son los que definen el espacio social (Bourdieu, 1992).

Por tanto cuando hablamos de docilidad, por ejemplo podemos quizás observar diferentes "habitus" en un "campo" especifico negociar o jugar posiciones de poder en ese espacio social en particular, sin perder de vista que las negociones también pueden ser dentro de campos multidimensionales. En arroz y habichuelas, aunque los discursos de la docilidad provengan de la burguesía con una agenda particular escondida y este quiera atribuírsela o incorporárselas al proletario, este la podría estar aceptando dentro de una aparente docilidad o conformismo, al cual se podrían entender que el proletario con su limitado poder (de apostar en el juego) las ha aceptado para que el también pueda adelantar una agenda escondida particular que los beneficia con sus limitados poderes.

Yo contengo que dentro del análisis histórico que llevare a cabo, el origen de la docilidad puertorriqueña proviene de las burguesías criollas con el objetivo de adelantar un discurso político que en vez de la creación de un estado/nación, prefieren el control y poder de la administración colonial, encontrando dentro del campesinado puertorriqueño un posible aliado para adelantar dicha agenda. El campesinado que aunque comprende las diferencias sociales entre ellos y la burguesía son antagonizantés, prefiere "jugar el juego" dentro de ese espacio social, buscando ventajas económicas producidas por dicho antagonismo. Este "juego" se generan y regeneran diacrónica y sincrónicamente a través de la historia a partir de a mediados de siglo 19 hasta el presente.

Para este análisis es entonces necesario ver desde el punto diacrónico y sincrónico (espacio y tiempo) histórico, el desarrollo de la identidad nacional puertorriqueña, durante diferentes épocas coloniales (española y norteamericana), los cambios socio/económicos que las producen, reproducen y transforman, que grupo o habitus es que la construye y que elementos culturales y políticos que existen en dicha construcción y finalmente la existencia de la posibilidad de su desmantelamiento, especialmente si la finalidad política se desvanece y entonces tendríamos que repensar y reconstruir una nueva identidad política, con nuevas reflexiones de la construcción de una identidad cultural que la pueda sostener. O sea, mirare el análisis de una forma interdisciplinaria, donde estaré combinando elementos históricos, socios políticos/económicos y lingüísticos, para establecer mis premisas.

La problemática que confrontamos en el futuro, si existe algún problema, sería como se regeneraría o reinventara nuestra identidad cultural si las estructuras política/económicas que las sostienen, cambian o se desmantelan drásticamente y en donde la iniciativa política ideológica de la colonia ya no es una alternativa viable. Y entonces habría que ver que tal profundos han sido los efectos o 'cicatrices' de los procesos de los discursos de docilidad construidas política y culturalmente y como han sido interiorizados dentro la psicología social nacional y como nos comportaríamos dentro dichos procesos en la reconstrucción de una imaginaria política/cultural no esperada y que nos ha llegado de 'sopetón'. Aquí no es cuestión si estás preparado o no para confrontar nuevos discursos ideológicos, ya que dichos procesos no esperan o se pre construyen, pero son como nos dice Machado, "los caminos se hacen al andar", pero dicho camino podrían ser de mucho mas dolor o sacrificio de lo que nos podríamos imaginar y de nada vale encontrar pasadas culpabilidades, pero internalizarlos como parte de nuestra propia historia, donde como dice la canción; "jugamos en el juego…, y a mí me toco perder".

Capítulo II

Procesos Político Culturales Bajo la Colonia Española

Las preocupaciones de identidad nacional entre las burguesías criollas comienzan a mediados del siglo 19 de acuerdo a la mayoría de nuestros historiadores y aparentemente era el único que tenía dicho problema, ya que las administraciones coloniales y militares españolas no las tenían y los del "otro"; el proletario/campesinado, que apenas históricamente sabíamos de ellos y lo poco que sabíamos de ellos era por la voz misma de las burguesía criollas, o sea, era como si existiesen, pero que eran mudos o como decimos en Puerto Rico, "eran un cero a la izquierda".

Las únicas descripciones del proletario/campesinado que conocíamos eran mayormente despectivas sobre su carácter, naturaleza o su apariencia, ya que el burgués criollo se consideraba de la "alta cultura" y el proletario/campesinado, era por supuesto de la "baja cultura", donde ellos no se asociaban, ya que no tenían nada en común. El burgués criollo era erudito, letrado, culto, sofisticado, ilustrado, de gustos refinados, que estudiaban en ciertas instituciones particulares y que eran dueños de la producción de bienes y orgullosos de sus distinguidos apellidos. Ellos conversaban sobre literatura, política, economía, artes, fumando un cigarro nativo de alta calidad, acompañado de un buen coñac extranjero, o sea, una identidad primordialmente española. Por el otro lado, los negros y los jibaros eran incultos, alborotosos, de imágenes distorsionadas, con sus vestimentas sucias y manchadas y sin un aseo personal, ya que estaban pelúes y despeinados, y con los dientes podridos (los que le quedaban) y sin limpiar. Me imagino, que quien diablo iba a escribir de ellos, sino era para echarles la culpa de algo, que quizás ellos nunca habían cometido, y peor aún, de una culpabilidad que desconocían.

Era por dichas razones que quizás el proletario/campesinado, por una razón u otras se aislaba, escondía o distanciaba del burgués criollo en las montañas de las áreas rurales, dentro de posturas o posiciones psico/sociales culturales (racial, económica o quizás tal vez, posiblemente de judíos 'conversos' perseguidos) de resistencia de ciertos "habitus" particulares en un "campo" de confrontación socio/económica con la otra. Este aislamiento entonces produce unas "imágenes" distorsionadas de su identidad en comparación con la "otra" y por tanto no eran incorporadas dentro de la "imaginaria nacional" al cual tenían los burgueses criollos para la construcción de la identidad nacional, al cual eran muy europeas, muy cultas y específicamente españolas.

La problemática se agudiza a mediados del siglo 19 con los acontecimientos políticos/económicos que confronta España en Europa, tanto con sus conflictos internos como internacionales, que afectan directamente a sus colonias en América. Esto llevo como consecuencia también, a un trato socio/cultural de parte de las administraciones coloniales españolas en la isla (López, 1980), haciendo al criollo enmascararse como el 'otro', específicamente ese 'otro' (jibaro) proletario/campesinado, al cual ellos mismos, los criollos habían castrado socio/culturalmente. Esta confrontación socio/cultural entre la metrópolis y los criollos insulares, los llevo a una resistencia de parte de las burguesías criollas en 1843 en donde; "a un pequeño grupo de escritores jóvenes en San Juan comenzaron la publicación del *Aguinaldo Puertorriqueño*, al cual incluía poesía y prosa, al cual reflejaba el creciente orgullo de jóvenes burgueses puertorriqueños en la isla",…"Un año mas tarde, otro grupo de puertorriqueños burgueses en Barcelona, España, publican él; *Álbum Puertorriqueño*, que era tan nacionalista en sentimiento, que el Obispo de San Juan, ordeno la confiscación de las copias del libro circulando en Puerto Rico" (López, 1980: 74).

Inclusive, en tres ocasiones, en 1814, 1820 y 1822, periódicos liberales en la capital colonial de San Juan publicaba sumisiones de los lectores (una carta y tres poemas) al cual los autores se hacían pasar por campesinos locales (jibaros) que formaban la intención esencial de un mensaje político. Historiadores literarios han notado que estos representan las primeras instancias que alguna publicación utiliza el término "jibaro", como se usa en Puerto Rico, al cual denota socio/culturalmente a un campesinado insular distintivo. (Álvarez Nazario, 1990: 15-47, Scarano, 1996)

El primero de estos artículos que aparece en 1814 en el "Diario Económico de Puerto Rico", una prensa dedicada a problemáticas económicas y agrícolas y comenta en su escrito, con una voz "jibaresca", su desilusión con la situación económica de Puerto Rico y que lo perdonara, ya que era una persona ignorante y por tal razón se notarían sus claros problemas gramaticales, ya que no era una persona de letras (obviamente hecho a propósito) y que al final, el era una simple persona, que lo único que hacía era trabajar y a obedecer a sus superiores (docilidad ya reflejada), y que se mantiene callado y sufre los de prejuicios e injusticias, hasta que pudieran reclamar sus derechos de un superior más benigno, y al final el firma; "El Jibaro Paciente". (Scarano, 1996)

Este articulo, si lo haya escrito un jibaro o no, hay que primeramente recordar que una de las problemáticas socio/educativas principales que padecía el campesinado puertorriqueño en ese momento histórico, era precisamente su alfabetismo, so por tal razón uno podría cuestionar inmediatamente su origen de parte de algún jibaro. Este escrito es también interesante, ya que contiene aparte de su cuestionable origen otras tantas contradicciones. Primero, se denota el uso del lenguaje escrito con una "entonación fonética" perteneciente al del jibaro, al cual el criollo aparentemente domina e imita con perfección (una máscara cultural). Segundo, si este artículo proviene de algún criollo, como prevemos, entonces él hace admisión directa de los prejuicios e injusticias que en esencia el mismo acomete en contra del jibaro. Tercero, este criollo comprende que el campesinado carece de voz y educación, so él se toma la libertad de usar la voz del "otro", ya que usar la suya propia le podría causar problemas de represión política, o sea, una muestra clara de su ya inminente docilidad. Cuarto, ya el criollo comienza a crear un discurso político de esencia colonial amparado en la imagen del "otro", al cual él ya se apropiado. Quinto, el criollo ya comprende que el campesinado, al cual el posiblemente el mismo oprime, no tiene un poder político que los proteja, de esa manera, nuevamente el establece su sentido de paternidad enfermiza, sobre los subalternos que el aparentemente representa y los representa sin que el representado se entere.

Esto llevo que en 1849, un joven puertorriqueño estudiante de medicina en España; Manuel Alonso escribiese un libro de costumbrismo y tradiciones criollo burguesas llamado irónicamente; "El Gibaro". Este criollo nos escribe significativamente desde la identidad de un 'otro' al cual históricamente se ha aborrecido colectivamente por los criollos y pinta una imagen de este "gibaro" al cual es usado como una máscara para algo que se percibe como careciente; de una identidad nacional interiorizada. Alonso hablando en su libro de unas celebraciones Sanjuaneras llamadas; "El Bando de San Pedro" nos relata; "¿Quien es el que vuelve sin llevar un regalito para el pariente, amigo o esclavo al cual dejo el cuidado de su casa? (Alonso, 1974: 31). Al final, Alonso firma con el seudónimo del; "El Gibaro de Caguas". A mí me alude esto personalmente, ya que mi bisabuelo, Marte Torre, un "jibaro dea verda", de allá del Barrio San Salvador de Caguas, no se parecía en nada a Alonso y mucho menos tenía **esclavos**. Lo curioso es que en el prologo del libro, Alonso nos da a saber de un aparente hiriente maltrato de la metrópolis a los hijos criollos de las colonias, que ya no podía acallar cuando nos relata; "mas el temor de una crítica severa ahogo los sentimientos de mi corazón, y un silencio estéril, y acaso reprensible, encubrió verdades, dolorosas sí, pero que siento haber callado tanto tiempo" (Alonso, 1974: prologo). A uno no le puede dar otro sentimiento que no sea de empatía por este individuo o individuos que aparentemente sufren de elementos prejuiciosos severos, especialmente de parte de aquellos al cual ellos emocional y espiritualmente perciben pertenecer y que de la noche a la mañana se desmantelan, dejándolos en un "limbo" identidario con una cierta ansiedad/depresiva. Algo parecido a las emociones interiorizadas que padece aquel puertorriqueño en EEUU, en el poema de José Luis Gonzalez; "Carta a mi Madre", al cual un hombre sufre, cuando aquella falsa identidad que él se percibe como parte de él, se derrumba, por el prejuicio que se expone en el seno de la metrópolis misma al cual el admira y que se cree equivocadamente que pertenece o que quiere pertenecer.

Ya aquí podemos ver una crisis identidaria entre la burguesía criolla nacional, al cual sigue patente hasta posterior a la colonización española y ya dentro de la colonización americana. Esta realidad psico/social cultural que sufre la burguesía criolla, podríamos decir que está estrechamente vinculada con una *docilidad* que se denota cuando no puede o no se quiere confrontar a la metrópolis, aunque sufre emocionalmente de una política/cultural como la que sufría Manuel Alonso, y que aunque Alonso presenta una resistencia con su libro, pero lo hace con una identidad conflictiva, ya que el debe saber (o quizá no), que esta no es la suya y que dentro de la cultura nacional de la isla, es ese mismo "gibaro" el que sufre de las mismas injusticias de parte del "habitus" cultural del burgués criollo, al cual él irónicamente a su vez, se queja de las posturas de la metrópolis española. O como dice nuestro refranero popular; "al que hierro mata, a hierro muere".

Por otra parte, el conflicto político interno e internacional Español también afecta directamente al discurso político criollo burgués en la isla. Las confrontaciones entre los bandos de los "republicanos", los de la monarquía (Partido Liberal Fusionista) y el Partido Conservador, combinados con de las invasiones de Napoleón Bonaparte, no solo alteran la política en Puerto Rico, pero crea un movimiento de liberación a través de toda Latina América. Desgraciadamente para Puerto Rico, muchos de los militares españoles derrotados en Latina América son enviados a Puerto Rico y la liberación e independencia de Haití, dejo aterrorizados a los, creoles franceses de la "insospechada crueldad" de los esclavos negros hacia ellos, y cuando emigraron a la isla, asustaron infernalmente a los criollos de las posibles repercusiones negativas de las luchas de independencia, dejando a los criollos solamente con la alternativa de la autonomía política con una representación en las cortes españolas (López, 1980). En otras palabras, esta fue otra posible *dosis de docilidad* para la burguesía criolla, primeramente, enterarse que la metrópolis los concibe como ciudadanos de segunda clase (que coincidencia). Segundo, creerse no solamente que son los miembros de las masas populares (gibaros), pero que son su propia encarnación, sin que los jibaros se enteren y sin tener su más mínimo apoyo. Tercero, conformarse con la autonomía, mientras que la mayoría de las colonias latinoamericanas se liberaban y encima de eso, estar aterrorizados que los negros no "los despedace y los viole", si estos movimientos independentistas de momento surgiesen (aquí no había "regalito" de Alonso que valiera). Y desde 1874, para mantenerlos con los rabos entre las piernas, cuando creían que los republicanos habían tomado posesión del gobierno, volvía el Rey, luego sacaban al Rey y volvía la republica y entonces vino Napoleón, los destituía y ponía a su propio hermano como Rey, etc. etc. En ese "teje menee", estoy seguro que los burgueses criollos sufrían como unos llorosos infantiles de aquellos "nenes sin la teta de mami".

Al final se toman decisiones que se podrían catalogar de pragmáticas, naturalmente pragmáticas para la burguesía criolla, pero con tendencias de una docilidad ya latente, cuando el líder del autonomismo nacional, Luis Muñoz Rivera comenta dócilmente:

> "Nosotros no estamos dispuestos a pelear inútiles batallas o en la búsqueda de lo imposible, para aquellos que buscan bellos ideales, vamos a imaginarnos si las ideas son posible y entonces tomaremos el camino iluminado. Si no se puede convertir en realidad, vamos a limitar

nuestros deseos a los dictamines de la razón, en vez de gastar nuestra energías en batallas sin fruto" (Citado en López, 1980: 77)

Aparentemente, el camino iluminado, fue una autonomía que nunca llego, ya que el 17 de julio de 1898, cuando el primer parlamento de Puerto Rico se inaugura, los españoles se estaban rindiendo en Santiago de Cuba ante los americanos y ocho días después el General Nelson A. Miles invadía a Guanica y en menos de dos semanas, el 28 de Julio, el parlamento se disolvió y nunca reconvino.

Mientras tanto, Betances en su lecho desde el exilio (Francia) y De Hostos, urgían a las burguesías criollas a declarar su independencia, ya que la oportunidad estaba allí, porque España se encontraba en guerra con EEUU y Betances les escribe desesperadamente:

¿Qué están haciendo los puertorriqueños? ¿Por qué no toman ventaja del bloqueo y levantan a las masas? Es esencial que cuando la vanguardia del ejército americano lleguen a suelo nacional, lo recibamos por fuerzas puertorriqueñas alzando la bandera de la independencia, y que sea este ultimo (EEUU) el que le dé la bienvenida". (Citado en López, 1980: 91)

Naturalmente, las voces de Betances y de Hostos cayeron sobre los oídos sordos y dóciles de las burguesías criollas, y en donde la docilidad pragmática y oportunista de Luis Muñoz Rivera prevalecía, aparte que las burguesías criollas, nunca habían hegemónicamente aludido a la presencia de las masas, ya que la independencia no era entonces la narrativa de su discurso político, pero más bien lo que ellos aspiraban era la del poder de la administración colonial.

Quiero traer a colación que dentro de las burguesías criollas nacionales había elementos independentistas, pero "el movimiento autonomista era predominante. En esta pequeña Isla, a pesar de todas las rivalidades, dominaba un sentimiento de lealtad hacia España". (Bothwell, 1987: 18), primordialmente; los criollos. El mismo "Grito de Lares" (1868) en vez de un movimiento, fue más bien una 'gesta' revolucionaria. Dicen que su participación fue entre cientos, y otros dicen que fueron de miles, pero es de mi opinión, que una fuerza de una milicia organizada de miles de hombres y mujeres, en un tipo de guerrilla urbana y selvática no se derrota tan fácilmente, o sea en 24 horas, ya se había disipado la amenaza y la Guardia Civil y Rural, ya habían recobrado el control en varios días. (López, 1980)

Si observamos detenidamente los susodichos movimientos independentistas también provenían de las clases burguesas criollas elitistas. Hay que comprender que para un movimiento revolucionario sea efectivo, se tiene que incorporar amplios sectores de la sociedad. En el caso del "Grito de Lares", ni la burguesía criolla misma quería participar de dichos procesos, recordemos que ellos en general eran fieles a España, y solo quería administrar la colonia, sin tener que exponer demasiado en los procesos, como lo hacía claro Muñoz Rivera y que aparte de eso también eran temerosos de los abusos políticos que fueron expuestos los "autonomistas" por un tiempo por los "Incondicionales" fieles a España y como comenta Pedreira en su artículo; "El año terrible del 87":

> "En las cárceles hombres inocentes y sospechosos eran sometidos a torturas brutales…, mutilaciones, huesos rotos, apuñalados, testículos quebrados y asesinato, como el de panadero Juan Díaz, que era director de un periódico llamado; "El Gato Flaco de Humacao" que fue ahocado en la excreta de una letrina y la

del cabo Ambrosio de Yauco que fue ahorcado por los testículos" (Pedreira, 1937)

A veces hay que comprender que la docilidad de esta burguesía criolla era en ciertas instancias justificadas, el terror de un fascismo autoritario impune, ha cambiado las emociones y deseos de luchas de muchos grupos a través de la historia. Para Hannah Arendt, la sumisión se corresponde con una evidente falta de confianza personal, por tanto, "la pequeñez del yo" frente a la libertad han permanecido en la forma de concebir el miedo político que los criollos aparentan tener. Lo que pasa al final con estos procesos bi-polares (dolor/placer) es que no logran la felicidad, sino el individualismo que más tarde los lleva a la privación y a la necesidad de ídolos (Arendt, p 123-125), como veremos ilustrados luego en nuestra historia.

Por otro lado la participación política de las masas populares en Lares no estaba allí, ya que en su interacción de grupos (habitus) en el "campo" hegemónico, los intereses de las masas populares (proletario/campesinado blanco/negro) no tenían intereses en los conceptos ideológicos de una independencia romantizada, al cual no era su primordialidad, sino aquellas de tierras para una estabilidad socio/económica que tanto deseaba y que la misma burguesía criolla les había negado, o sea, para él, la independencia carecía de importancia, si su condición socio/económica no se alteraría o cambiara de forma positiva . Al final de cuentas, vimos que el "Grito de Lares" fue llevado a cabo por un venezolano; Manuel Rojas, y su cuñada, Mariana Bracetti y hasta un norteamericano llamado, Matthew Bruckman, y por supuesto, así no se construye una patria y muchos menos un estado/nación donde los diversos grupos (habitus) no están interesados y incorporados, y de aquellos "otros" donde su docilidad los ha llevado a un pragmatismo oportunista político, basado en el temor, donde no hay una identidaria cultural de unidad nacional y al cual los discursos políticos autonomistas quedaron desmantelados de la noche a la mañana, dejándolos en un limbo de tener que empezar de nuevo y no saber por dónde; como veremos en nuestro próximo capítulo.

Capítulo III

Transición a un Nuevo Poder Colonial

El 25 de Julio de 1898, es una fecha que contiene tanta ironía de la historia colonial del país, ya que es el día que los EEUU y el General Nelson Miles invade a Puerto Rico militarmente, haciendo de Puerto Rico un colonia norteamericana, y que coincidentemente, es el mismo día que en el año 1952, se legaliza el supuesto y falso estatus no-colonial de Puerto Rico ante las cortes internacionales, al cual venían asechando a los EEUU de mantener territorios coloniales, creando aquel fantasmagórico documento llamado el "Estado Libre Asociado", al cual en Enero 13 de 2016 (miércoles), la Corte Suprema de los EEUU estaba cuestionando su constitucionalidad y que decidirá en alguna otra fecha.

Con la invasión norteamericana y el acuerdo de España y EEUU a través del Tratado de Paris, España como la nación/estado soberana derrotada en la breve guerra, decide ceder a Puerto Rico (Cuba y las Filipinas), como "botín de guerra", y con ello dejo los procesos autonómicos cedidos por España una semana antes de la invasión (17 de julio de 1898) quedaron anulados, o sea, después de tanto *"dolor y placer"* por la burguesía criolla por tantos años, se quedaron "sin la soga y sin la cabra".

A continuación veremos una serie de acontecimientos que nos dará una imagen como eran la relaciones entre la burguesía criolla y el proletario/campesinado, que aparentaban más que nada ser unas de polarizaciones, abusos, injusticias y antagonismos, donde el proletario/campesinado aprovecha con la invasión norteamericana para manifestarse violentamente en contra de la burguesía criolla, aprovechando la ausencia de la "Guarda Civil y Rural" española que en el pasado tanto los reprimía a favor de las burguesía criollas y como se radica la docilidad criolla ante las hegemonías de poder existentes en su luchas de poder socio/político y económico.

Antes de la invasión norteamericana en Puerto Rico, existía una división de clases socio/económicas políticas basadas en la presencia colonial española, de una sociedad agraria mercantil que no se había desarrollado hasta ese momento en una sociedad capitalista como tal. (Quintero Rivera, 1980) Dentro de esa jerarquía colonial, primeramente estaban los administradores militares de la colonia, mayormente compuesta de españoles peninsulares al cual estaban en la isla por un tiempo designado limitado, encargados de dictar e imponer las leyes coloniales en Puerto Rico establecidas en y por España. Segundo, estaban las clases mercantiles, mayormente españoles peninsulares de estadías permanentes, al cual estaban encargados de la importación y exportación de bienes en la isla, estos mayormente asociados al Partido Incondicional, o sea, un partido que eran "incondicionalmente" fieles al poder colonial español y a sus dictamines, al cual obviamente los favorecía. Tercero, unos grupos de "hacendados" (dueños de la tierra), mayormente españoles multigeneracionales en la isla, a lo que se consideran, "criollos", por sus realidades identidarias de ya no ser considerados peninsulares españoles per se y que ya demostraban una imaginaria identidaria particular que los diferenciaban de los peninsulares. Estos mayormente miembros del Partido Autonomista. Cuarto, la mayoría de la población, supuestamente grupos de convictos, desertores, "cimarrones", que se escapaban de islas vecinas y algunos soldados que decidían quedarse en la isla. La verdad que estos demográficamente aparentaban ser muchos y aparentemente, amigos de nadie, al menos en la visión subjetiva de Alejandro O'Rielly (Quintero Rivera, 1980a). Muchos de ellos eran pequeños productores independientes de bienes agrícolas, otros trabajaban para los "hacendados" (agregados) y el resto eran ex negros esclavos, ahora libres. Por otro lado, tampoco tenemos suficiente evidencia que estos grupos tuvieran alguna participación política con algún otro sector socio/económico particular en la isla, o sea, lo que hoy nos referimos como los "realengos".

La verdad es que uno tendría que pensar que el criollo tendría que tener ciertos temores y preocupaciones de estos grupos "disfuncionales" que aparentemente en sus mayorías se aislaban en los interiores montañosos de la isla. Las relaciones y confianza entre los hacendados criollos y el campesinado "jibaro" tuvieron que ser tensas y las estrategias de conocimiento/poder de parte de ambos tendrían que ser evidentes, especialmente las relaciones con los agregados. No solamente los criollos autonomistas tenían que sentir temor por los jibaros y agregados, pero también tenían que temerles a los "españoles incondicionales", que aunque mucho menos poblacionalmente, tenían más poder de represión física y judicial que los jibaros. Para concluir el criollo finalmente estaba sometido al mandato de la metrópolis española que solo veía sus relaciones coloniales dentro de una visión unilateral, donde los mandatos de la Metrópolis antecedían aquellas de las colonias, especialmente aquellas de las burguesías criollas y de sus realidades política/económicas.

O sea, este criollo debió ser condicionado psico/socialmente a las hegemonías socio/estructurales de poder que producían temor y miedo de formas constantes. Uno no pudiera dejar de sorprenderse que lo más preciso estratégicamente para los criollos sería entonces buscar soluciones políticas intermedias prácticas, realistas, e inmediatas (autonomía), que aquellas que fuesen ideológicamente románticas y utópicas (independencia). Es aquí, en estas relaciones de poder/resistencia dentro de la colonia española donde se inicia la génesis de la alegada *docilidad* del criollo en su discurso político colonial.

> "El modelo freudiano de explicación de la constitución del yo adquiere bajo la perspectiva de la Teoría Crítica un carácter histórico social. El ideal de Freud no es sólo la persona consciente que a través de un proceso doloroso no exento de represiones se

convierte en dueño del ello." (Zamora, 2010)

Con la caída de España en la guerra Hispano Americana ante los Estados Unidos y Puerto Rico ser cedido a los norteamericanos como "botín de guerra", dicha realidad tendría que haber dejado a los criollos, no solamente con una desolación política amarga y frustrante, pero en una también fundada de temores sociales aun mayores, cuando los grupos subalternos comenzaron a atacarlos de formas violentas y en ese momento no tener en beneplácito de las protecciones policiales/militares de la Guardia Civil y Rurales españolas.

"En el libro de Kelvin Santiago Valles, ""Subject People" and Colonial Discourses: Economic Transformation and Social Disorder in PuertoRico, 1898 -1947" nos muestra el desorden social que se acontece en Puerto Rico con la invasión americana y que dicha violencia, no era dirigida hacia y en contra el invasor americano, sino en contra de las clases burguesas criollos al cual el jibaro veía con cierto despecho. Como ejemplo, en el caso de un hacendado cafetalero en Yauco, estos manifestantes entraron a su casa y mataron al hacendado al frente de su esposa e hijas y al próximo día se encontraron con el mayordomo de la hacienda y le cortaron la oreja y la clavaron de un árbol. (Santiago Valles, 1994: 80)

Debemos comprender que dicha relaciones antagonistas tienen su origen posiblemente en las relaciones entre los hacendados y el proletario campesinado llamado los, "agregados". Esta relación se podría considerar una de "esclavitud blanca", aunque naturalmente no todos sus miembros pertenecían alguna división racial fenotípica específica, ya que podrían haber sido blancos de descendencia europea, antiguos esclavos negros, mulatos o mestizos entre otras divisiones institucionalizadas dentro del régimen colonial español. Su relación era parecida a ciertos grupos dentro de la historia colonial norteamericana, o sea, aquellos llamados, "indebted slaves" (esclavos endeudados) mayormente blancos, que eran individuos al cual se le requería su participación laboral por una cantidad determinada de años, en donde vivían en la propiedad del "plantation owner" (plantación) y que su libertad era autorizada legalmente después de pagar su deuda con el "hacendado", al cual en muchas ocasiones nunca llegaba, y dependía de la avaricia, nobleza y humanidad del dueño. De manera similar el hacendado, como mas tarde las centrales de caña, mantenían sus relaciones laborales con el agregado, o sea, una esclavitud legalizada. El agregado que era pagado monetariamente con salarios abusivos y tenía que obtener sus bienes no agrícolas a través de tiendas que en muchas ocasiones el hacendado era dueño (si eran disponibles) y que les suplía sus necesidades, muchas veces por su participación laboral, que al final, el "agregado" mismo, terminaba sin tierras, endeudado y sin capital monetario. Para sumar a sus tragedias se creó legalmente el "régimen de la libreta", al cual requería que cualquier individuo sin tierras o oficio, tenían que cargar en todo tiempo, o ser penalizados con violaciones legales, que incluía la posible encarcelación del individuo por resistirse a ser esclavos de un sistema abusivo, mayormente de parte de las burguesía criollas, claramente expuestas por Enrique Laguerre en su obra literaria; "La Llamarada". Hay que recalcar que para finales del siglo 19, los hacendados (7% de la población) dominaban el 42.3% de los terrenos cultivados en la isla, o sea, que los agregados eran la mayoría de la población en Puerto Rico. (Quintero Rivera, 1980a) O sea, como los esclavistas en los EEUU, los hacendados tenían siempre estar conscientes de posibles levantamientos violentos de aquellos al cual esclavizaba, especialmente después de las advertencias de los antiguos hacendados franceses, ahora en Puerto Rico, de los levantamientos violentos de los negros esclavos en Haití, que los hicieron huir temiendo por sus vidas.

Quintero Rivera nos relata, que aparte de la explotación obrera laboral esclavizante al cual el agregado era sometido, este mismo hacendado, paradójicamente exigía psico/socialmente que ese mismo agregado, como también los agricultores independientes, "que era muy importante para su posición y su forma de vida, que el fuese respetado, admirado y hasta amado, por los obreros de la hacienda, al cual el compartía su vida". (Quintero Rivera, 1980a: 107 - 108) Esta posición paternalista de los criollos responde a lo que de acuerdo a H. Simon en sus ideas sobre altruismo nos dice que; es la tendencia a interactuar teniendo las ideas que por una parte el "otro" tendría a reciprocar sus acciones en el futuro, tanto como que el "otro", también pueda mantener una mente abierta, en aprender de la humilde docilidad de aquellos otros, (Simon, 1993), muy posiblemente la docilidad de los criollos mismos. O sea, esta actitud psico/social paternalista Freudiana, era una de aquel individuo que le teme al padre por imponerle "actitudes ideológicas" al cual el no sabe cómo o no puede obtener en su totalidad, entonces decide oprimir al más débil como una alternativa, que el mismo comprende como inmoral, pero que necesita para demostrar una falsa masculinidad que les causa vergüenza (placer/dolor), y que al final lo único que desea es que su madre (reflejada en el "otro") lo ame y lo proteja, exponiendo así su propia sumisión y docilidad, ya que para encubrir su masculinidad afeminada, tiene que someterse penosamente, al dolor y el repudio al cual el somete a la mujer (el "otro"), al cual el solamente quiere que lo ame, lo proteja y lo respete.

Como hemos visto la ineptitud de obtener el control colonial y a su paso la sumisión de docilidad política de los criollos burgueses, los lleva a lo que Teodoro Adorno y Wiggershaus nos relata:

> "Puesto que la rabia que produce el tener que someterse a los poderes sociales opresores no puede dirigirse contra ellos, el yo debilitado acaba desviándolos contra sí mismo o proyectándolos hacia algo exterior más débil. Bajo estas condiciones es como si la economía libidinal exigiese un chivo expiatorio. Estamos ante un carácter dependiente y no integrado que

reacciona hacia los más fuertes con sumisión y hacia los más débiles con desprecio" (Ctd. en Zamora, 2010)

Con la llegada de los norteamericanos la problemática se convierte más controvertible, con el régimen español, aunque se comprendía cierto distanciamiento cultural entre los españoles peninsulares y los criollos, siempre existía el factor lingüístico al cual ambos compartían cierta realidad cultural y que ambos miraban a España (como todavía hoy en día), como la "Madre Patria". De España provienen muchas de nuestros lazos culturales, como nuestro idioma, nuestra religión, nuestras tradiciones paganas/religiosas, gastronomía, instrumentación musical/música, nuestro refranero, "machismo" y los elementos culturales del "padrinaje", entre otros.

Con los norteamericanos, el elemento ideológico cultural de este nuevo poder colonial, era otro. La posición norteamericana era aquella como nos menciona Edward Said y su "Orientalismo" (1979) de que el "otro" (el colonizado) era un ser diferente, y que carecen de las cualidades culturales de aquel etnocentrismo colonizador, como aquellas que el americano/anglo/sajón propagaba. Trinh Minh-ha nos habla, que la percepción del de afuera es una que el colonizado necesita ayuda, ya que lo visualiza en haber tomado formas; de salvaje, incivilizado, bárbaro, nativo, subdesarrollado y que estas condiciones siguen descomponiéndose en relación con el "otro", que inventa un sentimiento teológico y socio/cultural con la misión de ayudar y mejorar las condiciones de estos pobres subalternos, al cual ellos sienten y dicen tener un compromiso ético/moral. (Minh-ha, 1989)

Los sentimientos Darwinistas de naturaleza racista de los norteamericanos desde su llegada a Puerto Rico eran aparente y claras, así fue el caso del "Speaker de la Cámara" norteamericana, que era conocido afectuosamente, como "Uncle Joe" Cannon, comento al respecto de la capacidad de los puertorriqueños en autogobernarse cuando nos dice;

"Ahora, cuando tú hablas de personas competentes para auto gobernarse, ciertas cosas se tienen que tener en consideración. Primero es la pregunta racial y la otra son las condiciones climáticas...Porque, yo me tomo la libertad de decir, que si una de nuestras personas pueda ir allá bajo a Porto Rico...que al final de tres o cuatro generaciones, aun cuando sus niños se inter mezclaran matrimonialmente, con los efectos vigorosos que provienen del Trópico, ellos no serian tan competentes para autogobernarse como sus abuelos lo eran. Porto Rico está poblado por una raza mixta. Aproximadamente 30% son puros Africanos." (Ctd. en Guerra, 1998: 50)

Esto se demostró claramente con la llegada inmediata del protestantismo a Puerto Rico, al año de la colonización y como nos señala Pantojas García entre las luchas de poder teológico en Puerto Rico mayormente estaban basadas en ideas de un orden ideológico más bien político económico; "La dicotomía que se hacía entre las fuerzas protestantes que predicaban el evangelio como fuerzas progresistas y civilizatorias; y por tanto, re-generatorias, y al catolicismo como fuerza aliada al viejo régimen español; y por tanto antiprogresistas y oscurantista". (Pantojas García, 2001: 111)

Encima de eso, como si fuese poco, el proletario campesinado no tenía una participación política electoral o como tampoco había organizado un partido político para poder defender sus derechos como trabajadores, esto no era necesariamente a consecuencia de alguna docilidad, sino que podría haber sido por falta de conocimientos y capacidades en dichos procesos organizativos o por la misma opresión jurídico/policial que la Metrópolis y las burguesías los sometían, ya que más tarde con la colonización norteamericana, vemos su participación política electoral masiva, mayormente con el Partido Socialista, partido que era contrario al Partido Unionistas, al cual era el partido representativo de los hacendados a principios del siglo 20. Más bien a finales del siglo 20, las batallas políticas eran aquellas entre los "incondicionales" del Partido Incondicional Español o el Partido Conservador, que representaba a los intereses de los mercaderes y el Partido Reformista, mas tarde el Partido Autonomista, que representaba a los "hacendados". De acuerdo a Quintero Rivera, "es aquí donde tiene comienzo la política puertorriqueña moderna." (Quintero Rivera, 1980a)

Como vemos, desde sus inicios el discurso político puertorriqueño era uno de mentalidad administrativa colonial, que desde el principio solo ostentaba el poder administrativo de la colonia, para sus intereses de grupo socio/económico y en donde los derechos del proletario quedaban atropellados en el medio. Este bi-partidismo y su discurso político colonial tienen sus raíces a finales del siglo 20 y que tiene su continuación hasta el   presente con los mismos personajes; uno asimilista/anexionista, que quiere y desea ser como el que los coloniza, primero queriendo ser Español y ahora queriendo ser Americano, con una identidad compuesta de una docilidad enajenante y quizás mañana querían ser orgullos "Putines" (Vlademir Putin), si Puerto Rico se convirtiese en una colonia Rusa y por otro lado tenemos uno que es autonomista, que busca desesperadamente inventar políticamente una identidad cultural coherente y popular que les permita parcialmente salir de su propia docilidad, para entonces asumir no cualquier control político, pero el de la misma colonia.

La mayor problemática dentro de la búsqueda identidaria del criollo es uno de "Cultura, Ser y Espacio". Si uno considera el paradigma (histórico pre-capitalista) para la invención de una nación tendría que haber, una cultura (puertorriqueña), de algún grupo (puertorriqueños), en algún espacio (Puerto Rico), el criollo entonces se confrontaba con múltiples problemas psico/sociales culturales. Aunque emergidos en una sociedad pre-capitalista agraria, los criollos se mantenían dentro de una identidad híbrida (uno en la memoria colectiva y otra en el "espacio" compartido), donde ellos aunque cuestionaban su realidad igualitaria con la política española de la metrópolis, todavía se visualizaban culturalmente como españoles, negándose a crear objetivamente o inventar una cultura propia, que los llevaría a la apropiación de un espacio cultural de pertenencia, ya que su resistencia era más, de una naturaleza de obtención de la política administrativa dosificada, que una basada en la pertenencia cultural al cual ellos querían "ser", ya que para ellos, "ya eran" (españoles) .

Unos de los mayores problemas que reflejaba el criollo, era aquella de la diferenciación con el "jibaro", una que se diferenciaba de una "memoria cultural" (criollo), ser español, España como "Madre Patria" y vivir dentro de los patrones de una cultura española (Ser, Cultura y Espacio), a una de "memoria de pertenencia" (jibara) , posiblemente había una identidad mejor definida por el jibaro, que se identificaba mas con el espacio o el lugar donde vivían (las montañas), que con la abstracción "mental" sin definición visual colectiva de la metrópolis, para más bien de unos trazos culturales que van construyéndose con sus realidades socio/económicas particulares y colectivas. Por tanto es el jibaro, el que construye, crea e inventa una identidad cultural dentro de un espacio apropiado, con costumbres y tradiciones más autenticas, que aunque no necesariamente eran totalmente autenticas y particulares en su mayoría, ya que en sus interacciones con el criollo, indiscutiblemente eran de influencia en su desarrollo cultural a través de sus relaciones de poder/resistencia, que provenían de diferentes sectores de poder, de forma directa o indirecta. Es por tal razón, que el proyecto de una identidad cultural puertorriquena ya estaba en su construcción dentro de una edificación socio/económica de una apropiación consciente/inconsciente del espacio (lugar) particularmente de parte del jibaro. Es por tal razón que la estrategia política del criollo, tendría por consecuencia ser la apropiación de la identidad del "otro" (Ser, Espacio y Cultura) en un intento de crear un discurso político colonial que satisfaga a sus necesidades política/económicas, sin tener que perder en esencia su memoria cultural y espacial colectiva, que los diferenciaba, y que les costaba renunciar, ya que esta era civilizada y de alta alcurnia y la del "otro" era incivilizada y salvaje.

Dicha problemática se agudiza para el criollo con la invasión del norteamericano, ya que con las insurrecciones del campesinado, la visión de los puertorriqueños en general eran visualizados de parte de los norteamericanos, como de un pueblo compuesto de salvajes e incivilizados, al cual ellos habían sido testigos en el pasado con las insurrecciones similares de parte de los indios o 'nativos' americanos. Durante los primeros años de la invasión norteamericana, la violencia de parte del campesinado era una que podría llamarse como una de insurrección organizada, que era conducida por unos grupos que los criollos llamaban; "los tiznados", por la forma que se camuflagiaban sus rostros (Santiago Valles, 1994). Múltiples haciendas y almacenes fueron quemadas, saqueadas y aterrorizadas por dichos elementos del campesinado y en un caso muy particular, documentado por Henry K. Carroll, de un "increíble" braveado machista, de una magnitud de esas épicas históricas extraordinarias, donde estuvo envuelto el caso del alcalde de Quebradillas en Octubre 28 de 1899, el honorable alcalde, Manuel Reyes Ruiz, donde nos dice: "Recientemente un grupo de 700 nativos organizados llegaron para quemar ciertas propiedades en mi distrito, al cual yo, personalmente pude detener" (Carroll 1899: 602) Sin dudar de los supuestos actos heroicos al estilo "Rambo" del señor Reyes Ruiz, que aparentemente la historia lo ha condenado al olvido, que en vez de una celebración nacional criolla, dedicándole un día especial entre los otros tantos criollos ilustres, bravos y valerosos, que tendrán algún día en particular en la celebración de nuestra historia nacional, como recordatorio de sus hazañas épicas de gran valor y heroísmo, pero al menos en el caso de Manuel Reyes Ruiz, uno podría argumentar; ¿Quién se atreve a decir que estos criollos eran dóciles? Quizás embusteros y mentirosos a granel, pero de dóciles, "nacarile del oriente".

Inclusive, dentro de estas marcadas contradicciones socio/económicas entre los criollos y el campesinado (jibaro), el jibaro era visto por las administraciones militares gubernamentales como; "dentro de un universo textual, las mayorías del campesinado puertorriqueño (Porto Ricans) y sus resistencias, tomado como un todo, no tenían historia o substancia histórica en y de ellos mismos: eran simplemente un mero espacio en blanco y con una ausencia de una presencia histórica significativa" (Santiago Valles, 1994: 82). O sea, el jibaro no existía como identidad cultural e histórica, y posiblemente el criollo se había encargado de ello, dramatizando sus logros "épicos" y ocultas intenciones político/económicas a través de los medios informativos y con un despecho cultural ocultaban la presencia del "otro" y que más tarde cuando se reconoce su presencia, lo infantiliza para tratar de convencer al nuevo poder y amo colonial de su superioridad de descendencia europea; culta y civilizada y dispuesta a ser un buen y obediente lacayo; dentro de su nueva visión de una eterna docilidad que no pueden esconder.

Estas actitudes psico/política/sociales de parte del criollo son claras y como nos indica Santiago Valles:

> "En una forma u otra, dichas hegemonías de clases persistieron en este mapa cultural en la mayor parte del periodo entre 1898 al 1947. En la mayoría de las ocasiones estos eran bien acertados a las narraciones colonialistas. En la manera, que el criollo – y el criollismo (nacido en Europa) – propietarios o las clases educadas reconstituían su propia agencia como los nuevos sujetos políticos o como ciudadanos [colonizados]." (Santiago Valles, 1994: 86)

El criollo entonces comprendiendo que su pasado Europeo Español Católico era visto por el nuevo colonizador como de una sociedad decadente discapacitada para establecer un gobierno basado en el modernismo capitalista anglo/sajón protestante, tiende entonces a esconderse de su propia docilidad adjudicándosela al "otro" (jibaro), pero con una nueva problemática, ya que la economía semi-feudal mercantilista que el criollo había dominado anteriormente había tenido su terminación histórica con el latifundio agrícola de modos capitalista al cual estableció la nueva metrópolis colonial y con ello también habría creado una sociedad de clases socio/económicas que empoderaba al proletario con una participación política que ponía en peligro su hegemonía política/económica y convirtieron a las burguesías, en pequeñas burguesías criollas. O sea, no solamente los bajaron de rango socio/económico para su indignación, pero promovieron al 'otro', haciéndonos más iguales ante los ojos del nuevo amo.

Capítulo IV

"La Generación del 30"

"¿Cómo somos?... ¿qué somos? los puertorriqueños globalmente considerados"

Desde el principio de la colonización norteamericana en Puerto Rico, la inestabilidad del orden público fue incrementando paulatinamente. Lo que no habían logrado históricamente las clases sociales burguesas criollas en contra de las fuerzas represivas coloniales, eran gestionadas por las clases obreras en Puerto Rico. Las huelgas obreras del 1914 al 1916, llevaron a miles de puertorriqueños a paros obrero/patronales. Desde 1915 al 1916…, "18,000 obreros paralizaron 24 de las 39 más importantes plantaciones por tres meses en 1915 y al año siguiente 40,000 obreros hicieron lo mismo por seis meses." (Santiago Valles, 1994: 113) Este fenómeno del levantamiento de las masas proletarias que eran directamente vinculadas a las explotaciones obrero/patronales, fue lo que llevo a la Federación Libre de Trabajadores (FLT), el gremio que representaba a los obreros, a fundar en 1915 el Partido Socialista.

Por el otro lado, la metrópolis colonial norteamericana descalificaba a la burguesía criolla local de ineptos e incompetentes para poder dirigir una nación democrática. "Un observador norteamericano abiertamente descalifico a los políticos puertorriqueños como irresponsables demagogos y encontraba a la mayoría de los puertorriqueños o desatisfechos con al Gobierno Norteamericano o abiertamente hostiles hacia él." (Carr, 1984: 45) O sea, como la experiencia histórica nos indica, a una burguesía criolla que continuamente se quejaba dócilmente de sus condiciones de participaciones políticas, pero ahora contenían con una inminente existencia de un pueblo trabajador (jibaro), que estaba dispuesto a pelear colectivamente por sus derechos laborales en contra de la Metrópolis misma y sus intereses capitalista de opresión obrera/patronal.

Estos movimientos organizados de los trabajadores continuaron y entre "1919 a 1920 se movilizaron más de 100 huelgas, movilizando a 32,000 obreros, nuevamente paralizando una indeterminable cantidad de empresas de bases agrícolas, puertos y factorías tabacaleras, como también paralizando el sistema de ferrocarriles." (Santiago Valles, 1994: 118) Mientras tanto, por otro lado las clases burguesas criollas intentaban mantener ante las autoridades coloniales una narrativa del "otro" (obreros) a una condición patológica psico/social de incivilizado y de salvajismo, como lo expreso en el caso del artículo del profesor universitario de leyes y periodista, Juan B. Soto que nos relata y analiza el caso de una mujer, aparentemente blanca, llamada; Otilia Rivera y su amante "negro" (énfasis) Artemio Martínez, donde Martínez apuñala brutal y salvajemente a Rivera cuando esta no accede a volver con su amante (Martínez). (Santiago Valles, 1994: 120 – 123) Esto lleva a Santiago Valles a correctamente analizar la conducta psico/social política y judicial del criollo burgués, con lo que el teórico pos colonialista, Homi Bhabba llama la "mímica colonial".

> "Tales narrativas mediáticas identificaban y regulaban la construcción de los "nativos" como criminales, y de esa manera construyendo los significadores de la violencia. En cambio, ambos el evento y sus [re]construcciones expresaban posiciones contenciosas, [re]produciendo y regulando los sectores subordinados de la Isla. Las voces en contra de las mujeres puertorriqueñas y los discursos correspondientes llevaban varios concurrentes y correspondientes discursos y operaciones conflictivas que llevaban a unificar una con la otra." (Santiago Valles, 1994: 121)

Para mal de males para la burguesía criolla era el hecho que el fundador de la Federación Libre de Trabajadores (FLT) era nada menos que Santiago Iglesias Pantín, el mismo que había sido encarcelado por sus acciones sindicalistas por el líder autonomista del criollismo burgués nacional, Luis Muñoz Rivera, que cuando llego la invasión norteamericana, irónicamente fue liberado por los mismos Norteamericanos. (Carr, 1984: 157) Aunque históricamente se ha criticado el hecho que el Partido Socialistas era un partido que favorecía la anexión con EEUU, la realidad era que dicha estrategia política era una basada ante el constante temor de que los sectores independentistas en la isla eran dominados y dirigidos también por la misma burguesía criolla. Por otra parte, tanto Iglesias Pantín, como también José Celso Barbosa, comprendían que solo ante las autoridades norteamericanas se podrían producir y garantizar ciertas libertades civiles y constitucionales, que aparentaban ser pisoteadas y violadas por las burguesías criollas de naturalezas clasistas, como también aquellas que reflejaban abiertamente sus prejuicios raciales, que por cierto; son "Prohibidos Olvidar". (Carr, 1984 1999)

Esta desvinculación entre las clases obreras/laborales y las burguesías y pequeña burguesías criollas eran claramente marcadas dejando así un vacío político nacional masivo en contra de la Metrópolis colonial, una que mayormente buscaba en esencia justicia laboral/obrera y la otra que buscaba poder administrativo colonial, al cual ya las pequeñas burguesías, que provenían mayormente de los antiguos hacendados de las burguesías criollas y que ya habían comenzado a penetrar posiciones administrativas políticas coloniales, tanto como cargos corporativos dentro de las empresas norteamericanos en la isla. (Quintero Rivera, 1994b) Esta división de clases trajo una gran preocupación entre las elites intelectuales burguesas criollas, especialmente aquellas que ellos comenzaron a [re]pensar sus condiciones políticas culturales y que estaban directamente relacionadas con una identidad nacional colectiva que podría unificar al pueblo puertorriqueño. De ahí proviene e inicia lo que hoy históricamente conocemos como la "Generación del 30'".

"Es a partir de la llamada "Generación del 30" que se institucionaliza la retórica del nacionalismo cultural, a través de una elaboración minuciosa de las imágenes de la crisis que promovía la nueva situación colonial, pero también de las imágenes de las utopías, en libros como *Insularismo* (1934), de Antonio S. Pedreira, el *Prontuario histórico* (1935) de Tomás Blanco, en la revista *índice* (1929-1931), órgano de difusión ideológica y cultural de los treintistas." (Sancholuz, 1997)

Pedreira se pregunta en su libro *Insularismo* en 1934; "¿Cómo somos?... ¿qué somos? Los puertorriqueños globalmente considerados". A mi entender, es aquí donde comienza la problemática de la cuestionada identidad nacional, no porque se hagan dichas preguntas al cual son muy validas y que merecen contestarse, pero el problema esencial es a quien se refiere Pedreira cuando nos habla de los "puertorriqueños". Cuando se parte de la premisa que la descripción *a priori* del *puertorriqueño* es aquella que nos describe Pedreira en su libro sin añadirle los descriptivos correspondientes dentro de su discurso narrativo, o sea, la "burguesía criolla", entonces el reclamo de Pedreira sería una *a posteriori* mas especifica y concisa al cual delataría sus intenciones con la pregunta correcta; ¿Como son los burgueses criollos puertorriqueños?, ¿quiénes son y como son considerados?

Esta generación del 30', que aparte de Pedreira, incluyen otros miembros de la clase intelectual elitista criolla y miembros del Partido Popular Democrático; Samuel R. Quiñones, Vicente Géigel Polanco y Alfredo Collado Martell entre otros, que en sus escritos, en la revista política ideológica; *"Índice"*(1929 a 1931) nos da un recuento del lamento y docilidad política existente entre los miembros de su clase, pero dentro de la posibilidad de una cobardía infectada de docilidad o tal vez como una "mímica colonial" busca adjudicársela a las masas populares como pretexto de una ineptitud y justificación política del colonialismo autonomista al cual ellos apoyaban, como también justificaban. Es aquí donde la invención y difusión masiva de la supuesta discursiva de la identidad nacional comienza a justificar el discurso político/económico colonial dentro de una disfunción identidaria contenida dentro de su propia docilidad e ineptitud para confrontar al poder colonial.

El discurso intelectual y literario de esta generación de escritores no está ajena a otros discursos narrativos de parte de las elites criollas burguesas del momento, por tanto este discurso que nos presenta este grupo, no es solamente, un discurso en particular, pero uno que entrelaza e incluye un discurso político/económico, psico/social y cultural, en la formación de un conocimiento/poder para establecer una *verdad* objetivada a la supuesta relación de una supuesta unidad conceptual nacional "jíbara/criolla", ya que al final de cuentas la *verdad* no se descubre, es creada en los intereses de aquellos que ejercen mayor poder. Foucault nos comenta en su libro, *La Arqueología del Conocimiento*, lo siguiente:

> "Relaciones discursivas no son…relaciones exteriores al discurso, relaciones que podrían limitarlas, o imponer ciertas formas sobre él, o forzarlas, en ciertas circunstancias para decir ciertas cosas. Ellas son, en un sentido, a los limites del discurso: ellos ofrecen a los objetos del cual ellos hablan, o tal vez…ellos determinan el grupo de relaciones que el discurso se debe establecer en orden para hablar de este objeto." (Foucault, 1972: 46)

Pedreira astutamente descarta, ignora y da poca importancia a escritores del pasado y contemporáneos en el contexto de su discurso narrativo de una identidad nacional al cual el describe como un "doloroso rompecabezas que nunca ha sido exitosamente ordenado" y al cual aparentemente el mismo no tiene el más mínimo deseo de ordenar y al cual dócilmente prefiere caer en un pesimismo de naturaleza política identidaria determinista, que eventualmente los llevara ideológicamente al discurso político colonial. Aun cuando Tomas Blanco comprende las expresiones culturales populares como parte de nuestra identidad en su ensayo de 1935, "Elogio a La Plena", el mismo se da cuenta como esta es considerada por otros como una vulgar expresión nacional comparado con la danza (posiblemente refiriéndose a Pedreira), ya que también por otro lado, Pedreira descarta la "decima" como una vulgaridad del campesinado. (Flores, 1993: 30 - 31)

En este mismo sentido, la omisión intelectual a sus contemporáneos, que sin lugar a dudas tendría que ser con un propósito intencionado de conocimiento/poder de anteponer un discurso político dentro de una creación identidaria criolla, al cual el mismo Pedreira cuestiona las contribuciones de otros literatos puertorriqueños, cuando cuestiona; "que marca de originalidad criolla hemos hecho dentro de la técnica normativa Europea", omitiendo estratégicamente las contribuciones de Luis Llorens Torres, precisamente con la "decimas" y las de Luis Pales Matos de experimentos rítmicos afro – Antillanos. Inclusive es Tomas Blanco, que muy acertadamente comenta, que es la "danza" la que posiblemente padecerá de extinción y no la "plena". (Flores, 1993: 31)

Por otro lado, mientras que Pedreira elogia y compara el escrito de Manuel Alonso, "El Gibaro", como el "Poema del Cid" y el "Martin Fierro" de la literatura puertorriquena, pero raramente menciona a los escritos de Betances o la contribución ideológica de Eugenio María de Hostos y su "Peregrinación de Bayoan" o a la poesía revolucionaria de Pachín Marin. (Flores, 1993: 22) Es claro entonces cuando el historiador puertorriqueño, Juan Flores comenta; que la visión de Pedreira se convierta en una que se conduce como "una nave al garete", donde el sentido histórico de actualidad de Pedreira es uno fundamentado a un "dualismo metafísico de contraste de estilos de vida". (Flores, 1993: 22 – 23) Entonces la pregunta inmediata sería, ¿a quién Pedreira se refiere como el Puertorriqueño; débil, complaciente, ignorante de personas confundidas, de retoricas excesivas, plagado de melancolías liricas y pasivas ante las adversidades? Obviamente no eran aquellas de Betances, Hostos o Marin, o las de Llorens o Pales Matos, ni siquiera aquellas del jibaro y sus decimas o el negro y su plena. Al final este discurso narrativo es aceptado ideológica y políticamente por los criollos burgueses y pequeño burgueses del autonomismo (PPD), en su construcción de un discurso político colonial que acepta las premisas de Pedreira, como un preámbulo de una estrategia auspiciada dentro de las elites intelectuales coloniales como una iniciativa de su discurso político.

El pensamiento de Pedreira responde a una crítica que se subscribe al pensamiento positivista y determinista Europeo en contraparte a las iniciativas democráticas capitalistas al cual expone el nuevo régimen colonial norteamericano. La aparente influencia teórica de Pedreira proviene directamente de las ideas de José Enrique Rodó ("Ariel"), José Ortega y Gasset, y Oswald Spengler; (Flores, 1993) al cual por un lado, eran directamente dirigidas hacia el capitalismo democrático del colonialismo norteamericano, pero también eran fundadas dentro de un marco de la "mímica colonial", al cual la misma burguesía criolla era sometida y que a su vez condenaba a las clases proletarias puertorriqueñas de los mismos "infantilismos" al cual ellos eran considerados por el nuevo régimen colonial, creando así un mecanismo psico/social de proyección, al cual el señala al "otro" de su propia culpabilidad, para así exonerarse de su propia docilidad.

> "A través de dicha mímica colonial estos privilegiados puertorriqueños eran inducidos…a incurrir en las funciones/autor del escritor colonizado. A la extensión al cual ellos pudieran

67

exitosamente re – presentar y producir las mayorías "nativas" como lamentables alienados…[y] como problemas o confinamiento – para nuevamente prestar de la explicación del Orientalismo de Said, la versión de colonialismo occidental – que era la extensión al cual los criollos privilegiados eran entonces admitidos al reino" (Santiago Valles, 1994 :156)

Es extremadamente preocupante el recibimiento de "Insularismo" ante la sociedad intelectual criolla burguesa en la isla, especialmente cuando esta se encontraba fundada dentro de un racismo y clasismo rampante dirigida hacia la raza negra y el proletariado en Puerto Rico, aun mas cuando sabemos que Pedreira tenía que haber conocido la labor intelectual del fundador de la Escuela de la Antropología Norteamericana, Franz Boas en la Universidad de Columbia, al cual dicho sea de paso, fue la misma universidad que Pedreira hizo sus estudios doctorales en los 1920's. Ya para el 1911 Boas comentaba, "que cada raza"… contienen tantas variaciones entre ellas que las diferencias promedio entre una y otras son menores de las que cada una contiene; y que el prejuicio racial es el más formidable obstáculo a una comprensión clara de estos problemas." (Boas, 1911) Dicha actitud racial de Pedreira, lleva al mismo Tomas Blanco a comentar; "esto es más que un pretexto imperialista, sostenidos solamente por ridículos Nazis o pintorescos coroneles en el Sur de los Estados Unidos". (Blanco, 1935: 100)

Inclusive, el comentario de Tomas Blanco es muy peculiar e interesante dentro del contexto histórico global, ya que en general el pensamiento intelectual de Pedreira parece más en concordancia y extensión con política/económica cultural de la ideología intelectual del Nacionalismo Socialista que lleva al poder a Hitler en Alemania y a Francisco Franco en España en los mismos años 30's. Es una que establece diferencias epistemológicas sobre lo que él y sus influencias intelectuales entienden y comprenden por "cultura" y "civilización". Primeramente, el ve a través del pensamiento de Rodó, a un "elitismo, individualismo y una retorica que apelaba a la "juventud" y la rejuvenizacion nacional que contraponía la aristocracia Latino Americana contra la democracia y el utilitarismo Norteamericano" (Flores, 1993: 38), algo que era un factor de gran importancia dentro de la ideología política/económica, tanto de Hitler, como de Franco en contra del Republicanismo Democrático, como aquel de los EEUU.

Si el "Arielismo" establecía un elitismo, al cual el criollo burgués se subscribía sobre su alegado llamado celestial al trono del poder político/económico de la isla, fue las ideas de José Ortega y Gasset en la cual Pedreira se sostiene y que pronuncia en términos Ortegistas:

> "el dominio de los números y de lo justo significa accidentalmente excluir las extraordinarias colaboraciones de los selectos pocos. Con la igual participación de todos, las turbas estarán contentas de ver su ascendencia de sus valores al costo del decline de lo culto…, Es una visión penosa ver en nuestra gente como se retiran hombres superiores, que se mantienen en insolación en el vacío de sus hogares de defender sus espíritus aristocráticos en contra del dominio vergonzoso de la mediocridad." (Pedreira, 1934: 102 – 103)

Es notable comprender, que uno tiene que cuestionar el pensamiento de Pedreira como uno investido de ciertas ignorancias intelectuales, como aquel que era dogmatizado emocionalmente por ideas etnocentristas europeas elitistas, que posiblemente el visualizaba, que estaban directamente dirigidas en contra del establecimiento colonial norteamericano, pero también nos sería altamente cuestionable comprender, que en dicha posible ignorancia de Pedreira, él personalmente no podría haber desconocido por completo la nocividad socio/cultural de las ideologías al cual el exponía. Juan Flores comenta de forma cautelosa y hasta benevolente cuando dice; "Pedreira posiblemente no estaba al tanto de las implicaciones altamente reaccionarias de la teorías de Spengler al cual lo convirtió…innegablemente un de los padres espirituales del fascismo alemán." (Flores, 1993: 50), al cual a mi me parece a través del análisis de su discurso narrativo, como también dentro del momento histórico global, como algo extremadamente preocupante.

Cuando Pedreira pregunta; "¿Cómo somos?... ¿qué somos? los puertorriqueños globalmente considerados", es obvio que Pedreira no se refiere a todos los puertorriqueños, pero aquellos exclusivamente de los de la burguesía nacional criolla. En lo que a mí me parece uno de los mejores análisis de Pedreira y "Insuralismo", Juan Flores concluye observando, no solamente la preocupante ideología teórica de Pedreira, pero su estrecha vinculación elitista con las clases burguesas criollas nacionales, cuando comenta:

> "Que mejor explicación de un escritor como Pedreira mismo, que en el año 1934 – entre el advenimiento del fascismo y la Guerra Civil Española – pudo haber tratado el pesimismo cultural europeo de Spengler y Ortega y Gasset como "círculos intelectuales fraternales" y continuar citando el Arielismo dentro "de esas corrientes nuevas de pensamiento que eran estimulantes en el mundo pensante? Que mejor descripción apta de Pedreira de sus propias posiciones cuando el habla de

los rompimientos crónicos de la cohesión y solaridad nacional puertorriqueña: "Cuantas veces hemos intentado a formar una hermandad de todos los puertorriqueños, nuestro individualismo atominizante si dicha siempre ha bloqueado dicha cohesión, rompiéndonos entre pequeños, desempoderados y desarticulados grupos.".." (Flores, 1993: 55)

Es desde este momento que comienza la institucionalización de la llamada cultura nacional puertorriqueña, al cual su base se sostiene dentro del elitismo de las clases burguesas criollas, al cual abiertamente discrimina culturalmente contra las masas populares proletarias y que alega convincentemente ser descendientes y poseedoras de una visión cultural elitista de una *"alta cultura"* histórica especifica (española), y que consideraba las gestiones *civilizadoras* coloniales norteamericanas como indeseables, ya que alertaba a las mismas masas populares proletarias a un poder/conocimiento que destruiría está altamente deseada cultura, por una indeseable aceptación de una, *"baja cultura"* como fundación de la identidad nacional.

Al final, Pedreira se convierte en lo que Antonio Gramsci llama; los "intelectuales orgánicos", que son el elemento pensante que organiza una clase social particular. Estos intelectuales no se distinguen por su profesión, que puede ser un trabajo cualquiera propio de su clase, se caracterizan por su función de dirigir las ideas y las acciones políticas de la clase a la cual se insertan orgánicamente. (Gramsci, 1967: 21) Es también en ese momento de los 1930's que la Universidad de Puerto Rico se convierte en el "órgano" donde habitan los "intelectuales orgánicos" de las clases burgueses criollas, al cual su misión pedagógica es aquella de establecer el pensamiento de la identidad nacional burguesa criolla como una misión hegemónica ante la división de clases

71

y su deseo de unificar un discurso político colonial al cual ellos dominarían, al cual, Según Arcadio Díaz Quiñones, Muñoz Marín institucionalizó los argumentos de la obra en apoyo de la formación del Estado Libre Asociado (ELA) debido a que Pedreira evita abiertamente criticar el régimen estadounidense al articular una identidad nacional puertorriqueña. El ensayo vincula *Insularismo* a la idea de la historia oficial del PPD que hace hincapié en la necesidad del progreso capitalista y la modernidad occidental y propone la idea de la *tabula rasa*. (Díaz Quiñones, 1993)

Aquellos "jibaristas" de los años 30's era un reflejo que partía de la eterna docilidad de los burgueses criollos de enfrentarse directamente al poder colonial, pero que ahora la represión provenía de un imperio de una aparente superioridad racial que los consideraba a ellos mismos (criollos) como ciudadanos de segunda clase, ineptos, inútiles, e incapacitados para ni siquiera poder auto gobernarse, o sea, la eterna ilusión de los criollos burgueses. Con Pedreira, construyeron una imagen de los jibaros a su propia imagen, en donde eliminaron el elemento más nocivo de dicha identidad, o sea, aquel maldito negro que solo dañificaba aquel puertorriqueño de una herencia casta española, donde el elemento puro indígena ya había desaparecido, por tanto los únicos puertorriqueños existentes eran aquellos criollos y jibaros blancos, o como Pedreira diría, comenzando desde Martin Peña, todos éramos jibaros.

Lillian Guerra nos comenta al particular:

> "De acuerdo a intelectuales del siglo veinte, la mitificación y infusión de una identidad basada en el jibaro con sus propios intereses de clase, se puede comprender en parte y parcialmente a los esfuerzos de la elites de construir un contra/discurso en respuesta al altamente

racializado formas económicamente poderosas del imperialismo. Además yo [Guerra] argumento, que la decisión de parte de los jibaristas de tomar al campesino blanco como el campeón de la identidad nacional después del establecimiento del régimen norteamericano, puede ser visto, no tanto como una divergencia ideológica desde el camino de la identidad nacional comenzado por sus predecesores, pero como una continuación y expansión de sus propios límites." (Guerra, 1998: 58)

Fue a través de la revista *"Índice"* (1929-1931) que da comienzo esta elaboración del pensamiento de Pedreira y de los intelectuales orgánicos de la burguesía criolla, como un credo dogmatico dirigido hacia las masas populares, burguesas y pequeño burguesas, para crear y difundir su mensaje identidario como preámbulo del discurso político colonial. Entre ellos estaba Samuel R. Quiñones, que fue Presidente de la Cámara por el PPD en los años 40's y 60's y Vicente Géigel Polanco que era un líder importante del PPD hasta que hubo una ruptura permanente entre él y Muñoz Marín en 1951, ya que Vicente Géigel Polanco prefería la independencia para la isla, y que catalogo el pensamiento político "Muñozista" como, *"La farsa del Estado Libre Asociado"* en 1951, y que dicho experimento, o sea, el ELA, no era negociable para Muñoz Marin, pero como Vicente Géigel Polanco habría adelantado hoy lo podríamos conocer como la "Gran Mentira".

Capitulo V

El Experimento Colonial Norteamericano y la Colaboración de las Elites Criollo Burguesas

Durante los años 1930's a los 1950's se gesta en Puerto Rico los años de las coaliciones y alianzas políticas entre los antiguos burgueses criollos autonomista y anexionistas, buscando las maneras de unir a su favor las fuerzas proletarias e independentistas con su eterno sueño de su discurso colonial político; aquel de poder ser los administradores de la colonia. También fueron años de inestabilidad, donde las huelgas obreras continuaban masivamente y hasta el uso de la violencia entre las clases proletarias y el estado, como en el caso de la "Masacre de Ponce" y la "Masacre de Rio Piedras", que culminaron con la muerte del Superintendente de la policía, el norteamericano; Francis Riggs y que desde ese momento comenzó una represión masiva en contra de los puertorriqueños, especialmente aquellos que buscaban la independencia de la isla, como el Partido Nacionalista al cual era dirigido desde el 1930 por la figura mítica del llamado "Maestro"; Pedro Albizu Campos.

Ya para y después de los años 30's el enemigo económico del proletario y campesinado puertorriqueño no eran tanto aquellas burguesías de hacendados del pasado, pero más bien las multinacionales corporativas norteamericanas agrícolas en la isla, aunque tenemos que tener en cuenta durante este periodo la formación masiva de diferentes clases socio/económicas que fueron producidas por el capitalismo norteamericano, en donde la burguesía criolla se reconstituyo y continuaba siendo conflictivas con las clases obreras/proletarias, aunque dichas clases ya no eran de agrupaciones tan antagónicas como en el pasado, cuando los hacendados dominaban la economía. Ahora aquella burguesía criolla, ya no estaban en la hacienda, sino que muchos de ellos los enviaron a sus hijos estudiar, algunos a España y otros a la nueva Metrópolis EEUU, para que se convirtiesen en una pequeña burguesía de profesionales y que pudiesen acceder a aquellos empleos que el imperio les permitiese dentro de sus administraciones coloniales, o sea ya convertidos en los lacayos entrenados criollos al servicio de la metrópolis. (Quintero Rivero, 1980b)

Ya para los años 40's los movimientos obreros en Puerto Rico estaban malamente divididos, antes del 1934, la Federación Libre de Trabajadores (FLT) que se había entonces unido a la AFL, la versión norteamericana del FLT y en 1934 unieron fuerzas en la masiva y exitosa huelga de los trabajadores de caña, al cual también tuvo gran participación del Partido Nacionalista y Pedro Albizu Campos, pero a finales de los 30's la Federación Libre de Trabajadores (FLT-AFL) se divide debido a tensiones dentro de la misma unión, entre las facciones Socialista de la unión y los sectores comunistas. Recordemos, que Iglesias Pantín (Partido Socialista) y su coalición con el Partido Republicano era uno de conveniencias, al cual era basado en la eterna desconfianza de las burguesías criollas, especialmente aquellas concentradas en partidos con ideologías de independencia y por otro lado como José Celso Barbosa, que reconocía el racismo de la burguesía criolla y apostaba por el anexionismo, ya que siendo Puerto Rico un "estado" de la nación norteamericana podría garantizar las luchas por la igualdad racial y el racismo criollo, ya pregonado por Pedreira y auspiciado por los autonomistas. Obviamente Barbosa tuvo que ser grandemente influenciado por las ideas liberadoras de la raza negra, Marcus Garvey desde sus días de estudiante de medicina en la Universidad de Michigan en los EEUU, tanto también como haber sido víctima del racismo burgués criollo en la isla.

Las facciones comunistas de la FLT descontentos con dicha organización y sus posturas anexionistas crean la Confederación General de Trabajadores (CGT) y buscan refugio en el nuevo fundado Partido Popular Democrático (PPD), para 1946 se dieron cuenta que su ideología (comunista) y el PPD estaban en contradicciones y este sector se separa de la unión dejando a los no comunistas del CGT bajo el control del PPD y Muñoz Marín. (Carr, 1984) Una observación es clara, ya para 1940 los sectores independentistas del país se encontraban como se encuentran hoy, o sea, muchos caciques, pero pocos indios. El Partido Socialistas irónicamente (naturalmente por conveniencias) se une al Partido Republicano que busca la anexión, El Partido Independentista Puertorriqueño, existía la desconfianza debido que eran considerados de orígenes burgueses y pequeño burgueses (hoy todavía existe dicha critica), El Partido Nacionalista de Albizu Campos, muy radical y sin el apoyo del pueblo, como Cesar Andreu Iglesias observo en su libro; "Los Derrotados" y un Partido Comunista que se funda en 1934 y una década más tarde, ya estaba casi desaparecida. Esto le abre paso a un líder que nadie sabía con certeza que era lo que creía, ya que históricamente ha aparentado ser mas "maquiavélico que el mismo Maquiavelo, primero era independentista y creía que "la independencia estaba a la vuelta de la esquina" y pero más tarde confiesa que lo de la independencia para Puerto Rico, "fueron errores de juventud", y como veremos, junto a los norteamericanos instituye lo que Vicente Géigel Polanco llamo la "farsa" del Estado Libre Asociado y yo llamo la "Gran Mentira".

La gobernación del último gobernador norteamericano en Puerto Rico, Rexford G. Tugwell; que gobernó a Puerto Rico desde 1940 al 1946. La administración de Tugwell fue instrumentar y relevante, como veremos, en la transformación económica/política de Puerto Rico después de 1950, esta era la transformación que Polanco Géigel llamo, la gran farsa y que el historiador Raymond Carr, llamo en el titulo de su libro; "The Colonial Experiment".

Tugwell, un economista de profesión que trabajo bajo la administración de Franklin D. Roosevelt durante el periodo de las teorías económicas keynesianas del "Nuevo Tratado", vio una gran oportunidad no meramente como un administrador colonial en el caso de Puerto Rico, pero como un científico social donde podría crear un laboratorio social [social engineering] en Puerto Rico al cual era imposible recrear en los EEUU. Su amistad con Luis Muñoz Marín, líder inminente del Partido Popular Democrático y presidente del Senado los llevo a una colaboración profesional donde Tugwell podría visualizar dicha colaboración entre los oficiales administrativos puertorriqueños y los científicos sociales norteamericanos para sus ambiciones de la investigación social aplicada y planificadora para crear cambio social. (Lapp 1995). Inclusive, Tugwell y el científico social Robert S. Lynd entre otros científicos sociales norteamericanos, visualizaban con antipatía la visión que la academia norteamericana, en donde se entendía que la intromisión social eran incompatibles; haciendo muy claras las intenciones de Tugwell durante su labor administrativa colonial en Puerto Rico. (Lynd, 1939) Esto se ve claro cuando en 1947, escribe que la miseria y la pobreza en Puerto Rico iba mucho más allá que en ningún lado de EEUU y que él podía percibir que la elite puertorriqueña estaban dispuesta y listos para un cambio que pondría en efecto su experimento social donde su autoridad política le daba la disposición legal y ética de un laboratorio socio/económico para planificar cambio social en el territorio colonial puertorriqueño. Inclusive Tugwell admitió sus intenciones colonialistas cuando en 1956 en sus escritos en el Puerto Rican Planning Board nos dice; "Esta era una agencia planificadora de la cual yo me había dicho a mi mismo que algún día podría adoptar en algún lugar". (Tugwell 1956: 143)

El no solo implemento una agencia de planificación económica en Puerto Rico, pero también reestructuro a la Universidad de Puerto Rico para invitar la clase intelectual investigativa social norteamericana para construir un centro académico nacional para su laboratorio "colonial" de cambio social. Para lograr este propósito Tugwell creó el, Centro de Investigaciones Sociales (CIS) al cual él dirigió brevemente, después que renuncio a la gobernación, hasta que se pudiese lograr ubicar un Director que mantuviera las mismas teorías de investigaciones sociales aplicadas que Tugwell predicaba y que tanto soñaba intelectualmente. Irónicamente, en vez de dirigir el CIS en este experimento que tanto abogaba, tomo un empleo como director de la Escuela de Planificación de la Universidad de Chicago después de su gobernación en Puerto Rico.

Tugwell comprendía que para que su experimento social pudiera funcionar debía importar intelecto norteamericano a la isla donde el pueblo puertorriqueño carecía de dichas capacidades académicas.

> "El gobierno tendría que hacer lo máximo con lo que [Muñoz Marín] habría prometido…Su grupo carecía de experiencias tecnocráticas… y el tenia que reconstruir los servicios públicos… Para él personalmente no fallar en su intento de su creación del "Nuevo Tratado" en Puerto Rico por mera incompetencia". (Tugwell 1947: 83)

Ante dicha posición la elite criolla puertorriqueña se mostro con indignación especialmente cuando Tugwell en un discurso en la Universidad de Puerto Rico dijo, que la isla; "Carecía de talento y experiencia administrativa" para modernizar la economía, al cual era necesario la importación de planificadores y expertos norteamericanos. (Tugwell, 1945) Sin lugar a dudas la actitud de Tugwell era una de arrogancia y de postura condescendiente, pero posiblemente no tan alejada de la realidad. Uno podría cuestionar dicha indignación, especialmente con las exigencias de dicha elite criolla de nombrar a Teodoro Moscoso, un farmacista por entrenamiento, a la posición de director del programa de planificación económica. Naturalmente, aunque podríamos cuestionar el etnocentrismo intelectual de Tugwell, al cual él consideraba la postura de la elite criolla como de actitudes retrogresivas hispánicas (Lapp, 1995), pero así también podríamos cuestionar las ínfulas de poder dentro del partidismo político criollo (PPD) dentro del sistema administrativo colonial de la isla; algo que aparentemente todavía tiene continuidad histórica dentro de nuestra realidad de meritos en posiciones gubernamentales en la isla. A pesar de dichas diferencias la relación entre Tugwell y las elite criollas fueron de una naturaleza simbiótica, al cual el uno necesariamente necesitaba del otro para obtener sus fines. Uno basado en una ideología teórica económica de desarrollo y el otro del control de poder político colonial administrativo.

Entre los expertos traídos a Puerto Rico fueron entre algunos; el científico político, Carl Friedrich, el eminente economista norteamericano; John Kenneth Galbraith y el planificador urbano; Harvey Perloff. El que quizás más contribuyo en la formulación e implementación de las nuevas teorías económicas o el modelo Tugwelliano para Puerto Rico fue, Harvey Perloff; que aunque con unas diferencias significativas en su aplicación, pudo satisfacer sin lugar a dudas a los miembros del PPD en sus posturas políticas ideológicas. En 1950, Perloff publico en su libro; *Puerto Rico's Economic Future: A Study in Planned Development,* su producción de un estudio investigativo basado en su visita a la isla en 1946, como también de su intervención como consultor dentro del área de planificación económica en 1950, donde el organizo una unidad económica dentro de la agencia de planificación económica de la isla. (Lapp, 1995)

En esencia las diferencias básicas entre los planteamientos de desarrollo económico de Tugwell y Perloff era que en vez de la experimentación de industrias desarrolladas y administradas por el gobierno, que se basara;

Primero, en la inversión de capital extranjero o sea norteamericano atraído por exenciones contributivas, contrario a Tugwell que quería establecer una industria implementada, controlada y dirigida por el estado (gobierno). Dichas exenciones no eran solamente nacionales, pero también federales.

Segundo, facilitando el desarrollo de una infraestructura que satisficiera dicha inversión extranjera. Carreteras, muelles, energía eléctrica y acueductos y alcantarillados entre otros.

Tercero, incentivando a las inversiones extranjeras con posibles bajos costos de producción directamente vinculado y asociados con una mano de obra barata en la isla, tres cuarta partes más baratas que en los EEUU.

Finalmente con la implementación de un programa de migración de las poblaciones desplazadas en Puerto Rico hacia los EEUU y experimentación de controles demográficos en la isla, que a final producirá prosperidad económica en Puerto Rico. (Perloff, 1950)

Las medidas que tuvieron y mantienen un cuestionamiento ético y moral de lo que aconteció en aquel momento histórico, fue que dicha filosofía teórica económica implementada en la isla, al cual tuvo la participación directa del estado (gobierno) como interventor directo, fueron aquellas para mantener controles demográficos dentro de la isla para crear y poder obtener indicadores positivos a las implementaciones económicas que tomarían lugar. Primeramente y con mucho énfasis fue la iniciativa de implementar una política migratoria masiva de los trabajadores puertorriqueños desplazados, especialmente de aquellos en el área de la economía agrícola. Esta iniciativa es una que famosamente fue documentado y reconocido entre los puertorriqueños a través de la producción cinematográfica puertorriqueña de la; "Guagua Área". Esta medida no solamente llevo a los EEUU a trabajadores puertorriqueños desplazados en Puerto Rico, pero que a la misma vez los llevo a un desplazamiento económico más despiadado del cual experimentaban en Puerto Rico; al cual ha sido más que documentada a través de los intelectuales académicos puertorriqueños en los EEUU.

El otro método de control demográfico iniciado en Puerto Rico durante el mismo periodo fue la experimentación de controles de natalidad en la isla y dirigida directamente a las mujeres puertorriqueñas. Comenzando en 1947 a través del Puerto Rican Family Project y al cual el CIS colaboro y auspicio una serie de estudios experimentales relacionados con la fertilidad y control de natalidad entre las mujeres puertorriqueñas. Para el 1950, ya Puerto Rico se había convertido en el centro principal para dichas investigaciones. Durante dicha década Puerto Rico fue testigo directo del más rápido proceso de esterilización en el mundo; al cual las mujeres puertorriqueñas llamaban humildemente; "la operación". (Presser, 1973 Fiztpatrick, 1987)

El plan de Perloff, que mas tarde el gobierno llamaría él; "Perloff Plan" fue adoptado por el gobierno del PPD como una justificación ideológica para su iniciativa política económica. Tal fue la aceptación de dicho plan que el literato y intelectual puertorriqueño, René Márquez considero la actitud del PPD como una que elevaba dicha teoría a niveles dogmaticos. (Márquez, 1961)

Este proceso de la experimentación social aplicada y de controles gubernamentales lleva al historiador Michael Lapp escribir en su artículo; *The Rise and Fall of Puerto Rico as a Social Laboratory, 1945-1965*, a comentar que dicha laboratorio social tiene su fin a finales de los cincuenta con el desencanto de la academia intelectual norteamericana en relación con la sociedad puertorriqueña. Inclusive, en unos de los casos más reconocidos dentro de la academia norteamericana en su relación socio investigativa en Puerto Rico, fue el caso del distinguido y reconocido antropólogo norteamericano, Julian Steward en su etnografía antropológica llamada; *"The People of Puerto Rico"*. Steward, que en el momento era profesor de antropología en la Universidad de Columbia, la cuna de la antropología norteamericana, había llegado a Puerto Rico en 1948 junto con un grupo de antropólogos que más tarde serian reconocidos mundialmente como el caso de, Eric Wolf y Sidney Mintz. Contradictoriamente a los que la elite nacional creían y a la cual dicha investigación podría resolver definitivamente los logros de la colonia en el aspecto cultural, los resultados de dicha investigación mostro a través de la teoría antropológica de Steward, de la "evolución multilinear" y "ecología cultural" ser totalmente opuesta a los ideólogos del PPD, donde mantenían una sociedad y cultura uniforme, equilibrada y coherente. A dichos resultados el entonces Presidente de la Universidad de Puerto Rico, Jaime Benítez amenazo a Steward de no auspiciar o publicar los resultados de dicha investigación. Al cual Steward en una carta a Jaime Benítez el 26 de Marzo de 1954, reclamo que alterar el manuscrito significaría "una función peligrosa del control intelectual" y aunque al final Jaime Benítez asedio a subsidiar y publicar los resultados de la investigación, hasta hoy esta publicación parece ser un enigma dentro de la academia puertorriqueña. Este autor quizás por ignorancia propia nunca llegue a escuchar de dicha publicación durante mis estudios pos secundarios en la Universidad de Puerto Rico y no fue hasta mis estudios graduados en antropología en EEUU y que a través de un colega norteamericano fui presentado a los que muchos antropólogos norteamericanos consideran como una de la primeras grandes obras de la etnografía antropológica norteamericana.

El puntillazo final a la investigación social en Puerto Rico lo da quizás otro antropólogo norteamericano, Oscar Lewis que dentro de sus posturas teóricas de la "cultura de la pobreza" hace un estudio investigativo que indica que las desigualdades económicas en Puerto Rico habían promovido una cultura de pobreza que habían provocado disfunciones psico-sociales de no solamente una perpetuidad de la pobreza económica, pero también habían creado una psicología de dependencia económica, directamente asociadas con falta de estima personal y disposiciones inconsciente a las autoridades de poder nacional de los puertorriqueños y los norteamericanos. O sea, la reconocida docilidad de las burguesías criollas se iba esparciendo peligrosamente como un virus socio/económico entre las masas marginadas de la nación, promovidas a través de la pobreza y dependencia económica.

En conclusión, lo que podemos ver es una relación hegemónica y simbiótica entre dos esferas de poder; una colonial desde la envestidura de la investigación social planificada y aplicada y por el otro lado de la obtención de poder político nacional en su afán de controlar la administración colonial bajo el pretexto de la definición política de estado. Por un lado Rexford Tugwell en sus ínfulas de crear como académico investigativo un laboratorio social donde podría expandir sus ideas personales sobre las teorías keynesianas auspiciadas por el "Nueva Tratado" de Roosevelt y por el otro lado el empeño de la burguesía criolla nacional de acaparar el poder político administrativo colonial de la isla entrelazando una relación económica con la metrópolis en donde los EEUU pudieran ver la capacidad nacional de crear un sociedad de prosperidad y al cual ambos al final estarían orgullosos de sus logros. Más tarde los EEUU llamarían en forma propagandista dicha transformación de Puerto Rico, especialmente dentro de las relaciones históricas mundiales de la guerra fría contra el comunismo internacional posguerra como; "La Vitrina del Mundo".

Curiosamente y de unas maneras sumamente irónicas, que la experimentación socioeconómica implementada en Puerto Rico era una muy lejos de las filosofías teóricas económicas/políticas del capitalismo democrático norteamericano. Al cual en vez de ser una definidas por los libres mercados y decididas democráticamente, era una creada por una planificación e implementación del estado, que parecía ser más de una orientación Marxista Leninista que una predicada por el capitalismo de Adam Smith, o sea, que "La vitrina del mundo" de los EEUU, parecía ser más de una orientación socialista comunista, que capitalista democrática. O quizás deberíamos haber pensado, que los americanos habían logrado establecer y desarrollar un colonialismo a nuevos niveles.

Segundo, dicha experimentación dejo negativamente dentro la ética y moral política nacional el desplazamiento marginal de obreros puertorriqueños a los EEUU que los dejos en una situación económica más desesperante y condenadas a un exilio postrado en la desesperación y la falta de esperanza. A nivel Nacional, se experimento medicamente con los casos de control de la natalidad y fertilización de las mujeres puertorriqueñas, en su mayoría con el desconocimiento total de dicha población.

Tercero, se manipulo las investigaciones que no se acordaba con la filosofía latente o a los que refutaban los postulados por el gobierno.

Cuarto, No resolvió el dilema colonial económico de la isla, pero al contrario, de acuerdo a Oscar Lewis, dejo una sociedad condenada a desigualdades sociales que causaban problemas socio-culturales permanentes.

Finalmente, los más beneficiados fueron las multinacionales y el capital norteamericano donde determinante desde ese momento expuso claramente, la dependencia económica de los EEUU con relación a Puerto Rico. Dentro de la reflexión, al final dentro de la hegemonía de poder entre Tugwell y Muñoz Marín podríamos y deberíamos preguntarlos; ¿Quién gano y quien perdió? Bueno, como hemos analizado, sabemos a sobra, que fue el pueblo, el que perdió y les dejo a ustedes los lectores decidir quién gano.

Por el lado positivo, se logro emprender un programa que transformaría a Puerto Rico de una economía agraria a una industrial necesaria en su momento histórico pos guerra en donde se llevo a cabo el desarrollo de una infraestructura tan necesaria para la isla. Hubo progreso en la expansión de las escuelas públicas del país que fueron tan necesarias para el desarrollo de masas obreras adiestradas para la industrialización. Se construyeron carreteras, se creó agencias para expandir los servicios de electricidad y acueductos y alcantarillados y la telefonía. Se crearon puertos y aeropuertos accesibles y modernos. Se establecieron agencias de servicios a la ciudadanía. Y aunque los logros positivos fueron indispensables, también como veremos contenido dentro del refranero de las masas populares, de que quizás; "la cura resulta más mala que la enfermedad".

El otro problema que se suscitaba en Puerto Rico, fue que después de la Segunda Guerra Mundial, las tensiones entre EEUU y los países comunistas y los recientes países descolonizados comenzaron a cuestionar ante la Naciones Unidas la condición colonial al cual Puerto Rico se encontraba y al cual los EEUU negaba. El supuesto desarrollo económico de Puerto Rico era algo cuestionable ante las comunidades internacionales, ya que las únicas inversiones extranjeras que el Plan Perloff hablaba de implementar, era esencialmente inversión de capital norteamericano, o sea, era una de dependencia económica estrictamente del capital norteamericano y específicamente de acuerdos unilaterales que solo le convenían a los EEUU y no al pueblo puertorriqueño, como por ejemplo las leyes de cabotaje, claramente señalando una visión colonial económica a un territorio que carecía de una representación política equitativa dentro del Congreso Norteamericano.

Esta problemática de la representación política de Puerto Rico equitativa es una llena de contradicciones judiciales dentro de la constitucionalidad norteamericana. Para comenzar, ya que a pesar de la ley Foraker, el estatus internacional de Puerto Rico no estaba bien definida y dicha clarificación quedo sujeta a una serie de decisiones por la Corte Suprema de los EEUU llamadas "los Casos Insulares" llevados a cabo entre 1901 y 1922.

De acuerdo al profesor de leyes, Efrén Rivera Ramos, los Casos Insulares se podrían resumir en la siguientes preguntas; 1. ¿Cuál era el estatus de los nuevos territorios?, 2. Cuanto poder tendría el Congreso en su gobernanza? Y finalmente, 3. ¿Cuál era los derechos de sus habitantes? (Rivera Ramos, 1996) Para contestar la primera pregunta la Corte Suprema de los EEUU tuvo que construir una nueva teoría sobre la *incorporación* y la categoría de *no incorporación* territorial. El territorio no incorporado fue definido por la Corte como un *"territorio que pertenece a, pero no es parte de los EEUU"* (énfasis) y al cual es la categoría legal constitucional al cual Puerto Rico todavía pertenece. (Colon y Hevia, http://ssrn.com/abstract=1088883:8) La diferencia básica entre las categorías de territorio incorporado y no incorporado era de acuerdo a la Corte, que los territorios incorporados eran aquellos que estaban destinadas a ser un *estado* de la unión federada norteamericana y la racionalidad detrás de la categoría de territorio no incorporado eran que el Congreso mantendrá poderes *plenarios* sobre dichos territorios hasta decidir qué hacer con ellos. En simple español, los 50 estados de la unión norteamericana, son en esencia fueron territorios incorporados a la unión federada norteamericana, que hoy disfrutaran de todas las protecciones de la Constitución de los EEUU, mientras que en el caso de

Puerto Rico, un territorio no incorporado, cae sin discusión alguna, ante los poderes plenarios de Congreso de los EEUU y que definitivamente no disfrutan de todos los derechos constitucionales que los territorios incorporados disfrutan, o sea, "más claro, no canta un gallo".

Con el Acta Jones (1917), a Puerto Rico se le permite adquirir una legislatura bicameral con representaciones electas por el pueblo y más simbólicamente fue el derecho de ser ciudadanos norteamericanos, ya que los puertorriqueños tenían el derecho de en vez de la imposición de la ciudadanía norteamericana poder decidir obtener la ciudadanía puertorriquena, pero con tal decisión entonces los puertorriqueños perderían el poder de votar por representación electiva democrática en las elecciones locales, o sea, o te conviertes en un ciudadano norteamericano y gozas de las delicias de su democracia o te conviertes en tu propia nación, ciudadano de tu mismo pueblo y pierdes todos los derechos democráticos que tanto ellos querían que nosotros apreciáramos; ¡vaya democracia! (mucho énfasis).

Luis Muñoz Rivera, siendo comisionado residente en Washington se opuso a la legislación de dicha ley, ya que el opinaba que dicha decisión crearía problemas con las posibilidades de la independencia de Puerto Rico en el futuro. (Trias Monge, 1997: 73) Es difícil comprender las verdaderas intenciones políticas de Muñoz Rivera, aquel eterno autonomista que visualizaba a la independencia como un impedimento a la autonomía o posiblemente quizás estaba estratégicamente solarizándose con los independentistas "unionistas" (Partido Unionista) ante las intenciones de dicha ley, al cual el entonces gobernador de Puerto Rico; Arthur Yager (1913 – 1921), comprendía que la imposición de la dicha "supuesta ciudadanía norteamericana" era indispensable para detener a los movimientos independentistas en Puerto Rico. (Trias Monge, 1997: 69 – 70) Nuevamente me es difícil comprender las verdaderas intenciones de las posturas Maquiavélicas de Muñoz Rivera, ya que por un lado procede a criticar la Acta Jones como impedimento a la independencia, pero por otro lado, de 1913 a 1915, Muñoz Rivera trabajo inmensamente en no postular y hasta prevenir y evitar la independencia como el gol inmediato de su partido. En una carta a un amigo Muñoz Rivera comenta; "Yo creo que si nosotros nos declaramos por la independencia, perderemos fuerza en la batalla para auto gobernanza y seriamente dañificar nuestro país" y en la misma carta también reafirma sus convicciones de que los EEUU no les concedieran la independencia a Puerto Rico (Trias Monge, 1997: 71)

De esta manera Muñoz Rivera y los autonomistas intentaron imponer una lógica bipolar que construye dos realidades antagónicas, rompiendo así las posibilidades de toda negociación política y en donde y a la cual la independencia no fuese una alternativa política viable y donde se preservaría la condición colonial disfrazada de algún autonomismo y dominada por la burguesía criolla misma. En definitiva, Muñoz Rivera o era un político estratégico extraordinario o era un politiquero (pseudo-político) que solo y exclusivamente buscaba, como hemos visto históricamente, el poder político y económico de las burguesías criollas a la administración colonial, o sea, pretender ante el pueblo la falsedad que eran los que más mandaban dentro de la colonia, y a la vez coincidiendo con unas intenciones política/económicas extremadamente cuestionadas éticamente y que la historia venidera estará a cargo de contestar.

El miedo a la independencia de Muñoz Rivera y su conformismo en el autonomismo con restricciones de naturaleza política/económica colonial son típicos de una docilidad política histórica de parte de las burguesías criollas dentro de sus relaciones de poder. "La racionalización de la política, la cual empieza con el abordaje hobbesiano, implica comprender al sistema social como una conjunción de voluntades individuales y subjetivas que exclusivamente dialogan resignando su propio interés." (Korstanje, 2012) "El punto es que el ser egoísta se comporte en una forma de total interés propio y de forma racional, que tenga un conjunto de preferencias, y que no le importe sobre los otros miembros del sistema económico."(Secchi, 2005)

Spinoza afirma que el miedo definitivamente es un sentimiento y emoción propio del espíritu humano, pero el claramente comprende que este es un factor negativo dentro de la vida política donde "los hombres pierden su libertad si se someten al Estado y no solo ello, sino la posibilidad de conectarse a otros por medio de sus emociones... es en Spinoza la precondición para la exacerbación del deseo individual que conlleva a la expansión del egoísmo." (Korstanje, 2012: notas)

Este *miedo* va ser históricamente una herramienta valiosa y culturalmente dominante en el arsenal pseudo-político de los criollos burgueses, donde pseudo-político es definido como "cualquier intento de disfrazar la vida política en la concreción de intereses propios o de grupo" y en donde la pseudo política apela al miedo y a la inseguridad como formas de adoctrinamiento. (Bay, 1992) En donde los procesos del adoctrinamiento de las masas populares proletarias conllevara su misión de antagonizar por un lado al poder colonial al cual los somete y los atropella (externo) y a las fuerzas independentistas (internos) a la cual antagonizan al poder colonial y no les concede políticamente una oportunidad realista de una función de una auto gobernanza, aunque fuese de la colonia misma, al cual era la más viable y hasta hoy su única alternativa. El miedo del burgués criollo es uno como expresaría Hannah Arendt de una evidente falta de confianza personal, y que en el caso de los burgueses criollos nace con su complejo y preocupante interpretación de una identidad nacional que los describa o simplemente los inspire.

"De alguna forma, Robin sugiere que el miedo político no debe entenderse como un mecanismo "salvador del yo" sino un instrumento de "elite" para gobernar las resistencias dadas del campo social. Éste, a su vez, posee dos subtipos: interno y externo. Si el enemigo externo se construye con el fin de mantener a la comunidad unida frente a un "mal" o "peligro", el interno surge de las incongruencias nacidas en el seno de las jerarquías sociales. Cada grupo humano posee diferenciales de poder producto de las relaciones que los distinguen y le dan identidad. La tendencia a identificarse con una cultura o una nación se corresponde con la negación de la sociedad política. Los intelectuales ansiosos identifican a las sociedades civiles como la base sobre la cual debería edificarse las relaciones sociales. Iglesias, universidades y ONGs asumen un papel de protagonismo en la configuración de la sociedad; en la política tradicional los electores ven corrupción y maximalismo utilitarista. El liberalismo ansioso busca un "yo más fuerte" que no logra encontrar, aumento así su decepción y frustración." (Robin, 2009)

Con la imposición de la ciudadanía norteamericana se abre una caja de pandora que tiene cierta conclusión con el ultimo de los Casos Insulares; *Balzac v. People of Porto Rico*, en donde el ex Presidente de EEUU y ahora juez del Supremo, William Taft, decide que dicha ciudadanía norteamericana no conlleva a Puerto Rico a ser un territorio incorporado, pero lo que se pretendía era darle unos derechos equitativos a los puertorriqueños de querer o desear migrar a los EEUU (énfasis), como también darnos una seguridad a nivel internacional, (Colon y Hevia, http://ssrn.com/abstract=1088883: 8) o sea, lo que Taft estaba diciendo, era que esta isla era propiedad norteamericana y que nadie internacionalmente la podía tocar y que sus supuestos ciudadanos, no son definitivamente como los ciudadanos de los cincuenta estados incorporados y si ellos (los puertorriqueños) quisieran ser ciudadanos como en los otros cincuenta estados incorporados, tendrían que ser exclusivamente si migraban geográficamente a alguno de dichos estados incorporados, en simples palabras, los ciudadanos americanos puertorriqueños en la isla, eran considerados como propiedad (la esclavitud revisitada) y de una ciudadanía que aparte de ser impuesta era una de naturaleza *"fatula, farsa indignante y desvalorizada"*.

Recientemente, en un programa televisado (Abril 28, 2016 "En Record") el periodista Elwood Cruz entrevistando a un grupo de panelistas, entre ellos; Orlando Parga, Fernando Martin y Marcos Rigua, sale una discusión entre Rigua (autonomista) y Parga (anexionista) sobre la posibilidad de la muerte súbita de anexionismo en Puerto Rico ante el Congreso Norteamericano, debido a la paupérrima condición económica de la isla, que responsabiliza directamente a los administradores locales de la colonia (PNP y Populares) con su ineptitud, incapacidad y posiblemente actos de corrupción de una isla en "banca rota" e inhabilitado de no solo poder pagarle a sus deudores extranjeros, pero incapaces de mantener sus obligaciones socio/económicas locales. A esto Parga le responde a Rigua, diciéndole que la constitución norteamericana protegía a los puertorriqueños por ser ciudadanos americanos y si los puertorriqueños pedíamos la anexión (estadidad) a la incorporación de la unión republicana federada de los EEUU, nos las tenían que dar. A esto el abogado constitucionalista Marcos Rigua le responde en ingles, al cual yo tome personalmente como en un tono irónico, cuando le responde; "Good Luck" (buena suerte).

La realidad es que la posición de Parga y los anexionistas continúan aludiendo a esta postura que contiene consciente o inconscientemente una tonalidad extremadamente demagógica, ya que como hemos visto desde 1922 y la conclusión del caso de Balzac v. Porto Rico, que la ciudadanía puertorriqueña es una totalmente diferente a los de los norteamericanos en los estados de la unión federada. Aparte de no tener representación electiva en el poder Ejecutivo o Legislativo y por consiguiente en el Judicial, si un norteamericano de cualquiera de los estados de la unión federada está ausente geográficamente de los EEUU, este todavía podría ejercer su derecho al voto ausente, mientras que los puertorriqueños no lo pueden hacer ni siquiera dentro del territorio norteamericano al cual viven y eso es simplemente a causa de la condición colonial de una isla que "pertenece a, pero no es parte de" la nación que los coloniza. So pretender como lo expresa Parga, que nuestra ciudadanía, que ni siquiera es de segunda clase, contiene algún valor ético político/judicial ante el mismo Congreso que lo somete colonialmente, es vivir de una fantasía, al cual aparte sus pretensiones políticas han sido en gran escala destruidas por las mismas administraciones gubernamentales de su partido. Al contrario de Marcos Rigua, yo en vez de desearle buena suerte, yo les digo; "pray for a miracle" (mucho énfasis).

A pesar de las intenciones del ex gobernador Arthur Yager, al cual presuponía que el Acta Jones y la imposición de la ciudadanía norteamericana evitarían la difusión de la ideología independentista en la isla, fue todo lo contrario. El 4 de julio 1946, la legislatura de Puerto Rico vota a favor de establecer un plebiscito para poder decidir sobre el estatus de Puerto Rico y fue entonces que el supuesto gran defensor del bienestar socio/económico de los puertorriqueños, Rexford Tugwell, el que veta el proyecto de ley, ante el temor de los norteamericanos, de la gran posibilidad, que los puertorriqueños se decidieran por la independencia de la isla, denotando quizás las obscuras intenciones políticas coloniales de Tugwell. Entonces la legislatura puertorriquena voto nuevamente, aprobando el proyecto por dos terceras partes, pasando entonces por encima del veto del gobernador Tugwell, al cual aparentemente alarmado, de inmediato contacta al mismo Presidente Truman, dejándole saber del atrevimiento de la burguesía criolla. Fue entonces que quedo claro el estatus colonial de Puerto Rico y la farsa de la grandeza de su supuesta ciudadanía, cuando el Presidente de los EEUU, Harry Truman haciendo ejercicio de los poderes concedidos a través de la Acta Jones, veta el proyecto dando por claro que los que mandaban en Puerto Rico eran los norteamericanos y que por más que los puertorriqueños hicieran uso de los procesos democráticos que ellos tanto alababan y querían educarnos, al final las garras políticas del colonialismo eran más fuertes y sus mentiras se convertían mucho más claras. (Carr, 1984 Trias, 1997 Pico, 1988 Colon y Hevia, 2006)

Esta gran farsa de la ciudadanía norteamericana y las posturas dictatoriales plenarias de los EEUU hacia Puerto Rico, creo entonces una disidencia de violencia militante de parte del Partido Nacionalista liderado por Pedro Albizu Campos hacia los EEUU. De acuerdo a las entrevistas televisivas hechas a Rafael Cancel Miranda en abril del 2016, los ataques de los nacionalistas en 1954 en la capital norteamericana, Washington D.C., eran totalmente justificadas. Sus alegaciones son claras, cuando el reclama que la ciudadanía fue total y ilegalmente impuesta y que los puertorriqueños no tuvieron una oportunidad democrática de elegir su ciudadanía, sino lo descrito por los EEUU era, tu nueva ciudadanía (por fatula que fuese) es norteamericana y si no la quieres, la puedes renunciar, pero atente a las consecuencias. Hay que recordar que para 1917, la gran mayoría de la población puertorriquena era analfabeta y muchos todavía no gozaban ni siquiera de las noticias radiales, ya que tampoco había energía eléctrica en la mayoría de la isla. Los únicos que tenían acceso a información de la prensa en Puerto Rico eran las burguesías criollas y como sabemos, después de gritar que no querían la ciudadanía norteamericana, terminaron dócilmente aceptándola. La indignación de un sector de los puertorriqueños, o sea los nacionalistas y sus reclamos eran internacionalmente legales, como veremos brevemente, con la mayor de las farsas, o sea, la Ley 600 y la creación del ELA.

Antes de la aprobación de la Ley Publica 600, vino en 1947 lo que se llamo, "Elective Governor Act", o sea, el Acta del Gobernador Electo, al cual le permitía a los puertorriqueños a votar por primera vez por a un gobernador puertorriqueño. Lo curioso como he comentado anteriormente era que las masas populares y proletarias en Puerto Rico aun en 1947 eran grandemente analfabetas y la difusión informática no era como lo comprendemos hoy en día, y donde la figura política de Luis Muñoz Marin era una que posiblemente no estaba claramente definida. Hay que recordar que este hombre fue un independentista "reventau" durante su juventud y de la noche a la mañana parece que el espíritu de su padre (Muñoz Rivera), se le había metido por dentro o tal vez sabía algo que el resto del pueblo no tenía conocimiento, cuando cambia sus posturas políticas para apoyar la posible autonomía de Puerto Rico como la única alternativa, naturalmente esta postura era del agrado unánime de los EEUU y gana las elecciones en 1947 y se convierte en nuestro primer gobernador electo, o sea, nuestro futuro "caudillo".

Pero antes de Muñoz Marin haber ganado las elecciones como gobernador de Puerto Rico, ya mostraba su distanciamiento con el independentismo puertorriqueño. En 1943 una comisión presidencial dirigida por el senador norteamericano Tydings para hacer cambios al Acta Jones accede a la petición de muchos de los miembros del Partido Popular que eran independentistas de incluir dentro de la comisión un proyecto dirigido hacia la independencia, al cual Tydings accedió y la mayoría de la legislatura de Puerto Rico firmo en apoyo, naturalmente, menos Muñoz Marin, que aparentemente conocía de algo que el resto no preveía. Inclusive, la desconfianza con Muñoz Marin y sus posturas anti-independentistas llevo que el 25 de Julio de 1946 que se reunieran el sector independentista del Partido Popular y dos años más tarde establecer el Partido Independentista Puertorriqueño. (Trias Monge, 1997: 108)

El proyecto final de la propuesta Piñeiro – Tydings de la llamada Ley Publica 600 "se cayó de la mata", ya que las propuestas aparentemente no era lo que los EEUU pensaban sobre la relación colonial la isla y su futuro inmediato. De acuerdo a José Trias Monge, la propuesta Piñeiro – Tydings era demasiada inocente (naive) en su exposición. Era como dice el refrán popular norteamericano; "wanted to bake thier own cake and eat it too", o sea, querían negociar, pero imponiendo sus propias reglas. Las ideas básicas de la propuesta Piñeiro – Tydings posiblemente asemejaba lo que hoy podríamos llamar un *"verdadero y real"* "Estado Libre Asociado", donde Puerto Rico tendría su propia constitución,

EEUU le daría toda la soberanía legal a Puerto Rico, no seríamos ciudadanos norteamericanos, a menos que fuéramos a EEUU o al exterior, un mercado común entre las dos naciones, la participación de todas las asistencias federales de maneras vitalicias, no pagar impuestos federales y poder hacer tratados comerciales con quien quisiéramos, tener representación diplomática propia y finalmente, ser una relación que no se afectara a menos que fuese de mutuo consentimiento. (Trias Monge, 1997: 109) Me imagino que los norteamericanos totalmente sorprendidos del atrevimiento de esta burguesía engreída y arrogante, hubieran dicho a tal propuesta; "these porto ricans have some big brass….", (me imagino que ustedes los lectores, podrían hacer no solamente una traducción perfecta, como también verbalizarla con una fonéticamente enfática).

La realidad es que la burguesía criolla siempre han soñado con "pajaritos en el aire", en donde su actitud de casta española y de engreídos nacionales, merecía la merced de sus amos coloniales norteamericanos, como se fuesen unos nenes lindos, que solamente ellos históricamente se han creído ser dentro de su egocentrismo nacional, omitiendo la farsa y la trampa que los EEUU le habían tendido y que Muñoz Marin claramente tenía conocimiento. Esto era claro cuando el 3 julio de 1950, el Presidente Truman firma la ley donde los reportes de la Cámara y el Senado, tanto como el secretario de interior; Oscar Chapman, todos concluían que; "las medidas no cambiaran fundamentalmente las relaciones política, social, económica entre Puerto Rico y los EEUU". (Trias Monge, 1997: 113 Fernández, 1996: 181)

El referéndum de la ley 600 se lleva a cabo el 4 de Junio de 1951 en donde los independentistas le votan en contra, los Socialistas a favor y los anexionistas estuvieron divididos entre la vieja y la nueva guardia de García Méndez y Luis A. Ferré, pero el Partido Nacionalista dirigido por Pedro Albizu Campos siempre estuvieron indignados con los postulados de la Ley 600 y especialmente en contra de Muñoz Marin, al cual ellos reclamaban haber llevado a Puerto Rico a una perpetuación de su estado colonial, o sea, al final de cuentas, la votación a favor lo que decía, era que ahora éramos una colonia, pero con consentimiento del mismo pueblo puertorriqueño. Fue así tal indignación que el 30 de Octubre de 1950 bandas de nacionalistas atacaron siete pueblos en el interior de Puerto Rico capturando el pueblo de Jayuya (Trias Monge, 1997: 113), donde al otro día el periódico El Imparcial tuvo en su titular en primera plana que decía; *"Aviación Bombardea en Utuado: Nuevos Tiroteos en Mayagüez y Arecibo"*, o sea, en 1950, los EEUU por primera vez intervienen militarmente en contra de otros ciudadanos norteamericanos en suelo americano después de la Guerra Civil (1860- 1865), con la única diferencia que el conflicto de los estados Confederados y la Unión era en una situación de una guerra declarada desde el primer disparo de cañón en Fort Sumter en Enero de 1861, mientras que en el caso de Puerto Rico fue en su mayoría en contra de ciudadanos civiles.

EL IMPARCIAL

AVIACION BOMBARDEA EN UTUADO

REVELAN PLAN NACIONALISTA

NUEVOS TIROTEOS EN MAYAGUEZ Y ARECIBO

VEA GRAFICAS DE LA REBELION EN LAS PAGINAS 2, 3, CENTRALES Y CONTRAPORTADA

Es preciso mencionar, especialmente por el efecto psico/social político cultural que ha permeado en Puerto Rico y con todos los puertorriqueños desde esa época, por el impacto del miedo y el temor tanto a la independencia, como el ser identificado como independentista y me refiero directamente a las disputas entre Luis Muñoz Marin y Pedro Albizu Campos. Entre estos dos líderes había un conflicto, no solo de intereses políticos, pero también uno que aparenta tener una conflictiva tanto personalista como clasista y racial entre ambos, que llevo al pueblo de Puerto Rico a un desafío político, al cual incluía la violencia armada se era precisa y que históricamente no habíamos conocido anteriormente, ya que aparte de ser una dirigida en una forma u otra en contra del imperialismo colonial norteamericano en Puerto Rico, en esta ocasión la conflictiva más conocida y recordada históricamente, aunque subjetivamente plasmada a través de la historia oficial, era entre estos dos puertorriqueños y su impacto hacia un sector emergido en una docilidad política y otro sector dispuesto a la confrontación de una violencia armada en contra del más violento imperio de la historia.

Primeramente, vemos por un lado la figura de Muñoz Marin, el hijo de un hacendado burgués criollo y reconocido como el líder máximo del autonomismo puertorriqueño, que carecía de estudios académicos universitarios, ya que en su juventud decidió una vida de bohemia (énfasis) y de poesías de tonalidad patriótica románticas en las calles del famoso barrio bohemio de Nueva York, "The Village", que históricamente siempre se había presentado como un centro público urbano de la disidencia política y cultural del llamado "anti – establisment" norteamericano.

Por otro lado, vemos un puertorriqueño de Ponce de raíces pobres y fenotípicamente negro, que consigue una beca de la Logia Aurora (Masonería de Ponce) para estudiar en la Universidad de Vermont, pero deja a Vermont y consigue ingresar a Harvard University en Cambridge y termina su bachillerato en artes y ciencias, Albizu entonces se une al ROTC de Harvard y pertenece a la Misión Militar Francesa y más tarde es trasladado como Segundo Teniente al Regimiento 375 de Infantería de los EEUU. Al final se gradúa altamente galardonado de leyes en la más distinguida y prestigiosa de las universidades norteamericanas, Harvard University. (Corretjer, 1991: 77)

Las posturas de Luis Muñoz Marin de un independentista romántico al cual veía "la independencia a la vuelta de la esquina", cambia drásticamente, pero de manera paulatina durante una carrera política que se llevo de una forma muy meticulosa, pero que al cual siempre se auto – visualizaba, quizá con ciertas ínfulas de grandeza, como un líder político semejante a su padre (Luis Muñoz Rivera). A Muñoz Marin, políticamente dentro de su propio partido se percibía y visualizaba como uno que abogaba persistentemente por la independencia de Puerto Rico y no fue hasta mediados y finales de los años 40's, que los sectores independentistas dentro del mismo Partido Popular Democrático comenzaron a sospechar de las verdaderas intenciones de Muñoz Marin y comenzaron a departir de dicho partido y que lleva directamente a la formación del Partido Independentista Puertorriqueño, liderado por Gilberto Concepción de Gracia.

Por el otro lado, vemos a un Pedro Albizu Campos, que cuando se gradúa de Harvard, ya se había radicalizado militantemente por la semejanza histórica, de un colonialismo muy parecido al de Puerto Rico de una Irlanda católica de parte de una Inglaterra protestante, que era semejante al de un Puerto Rico católico de parte de un EEUU protestante, en donde ambas naciones (Puerto Rico e Irlanda) geográficamente eran islas militarmente estratégicas para los colonizadores y con una población demográfica relativamente parecidas, y al cual ambas eran culturalmente diferentes al país invasor. Albizu Campos, como muchos en el pasado, sentían desconfianza de la presencia criolla burguesa dentro del Partido Independentista Puertorriqueño y antiguos Populares, como aquellas percibidas en el pasado por el líder obrero, Santiago Iglesias Pantín, al cual precisamente había sido encarcelado por Luis Muñoz Rivera, tanto como el racismo del pasado percibidas por José Celso Barbosa de parte de la figura icónica del independentismo, José de Diego y luego las acusaciones falsas, al cual alegaban que las posiciones radicales y violentas de Albizu, eran mayormente motivadas por el racismo confrontados en Harvard y el ejército norteamericano (Corretjer, 1991: 77).

La problemática de Albizu Campos con la burguesía criolla independentista era precisamente su histórica *docilidad* política, ya que Albizu no entendía que una nación establecida tenía que pedir o reclamar su independencia a un país colonizador, ya que esta era el derecho inalienable de toda nación y que en el caso particular de Puerto Rico, había surgido por la alegada ilegalidad al cual se suscribe en el Tratado de Paris, donde se cedió (España) a una nación, ya reconocida internacionalmente por ser autónoma y soberana (Puerto Rico) a otra nación (EEUU) como un "botín de guerra", que inmediatamente lo convierte en una posesión territorial y a la disposición absoluta de dicho país como propiedad y dominio.

Al final de cuentas Luis Muñoz Marin conocía claramente de la gran farsa y mentira de la ley 600, y siempre quiso pasárselas demagógicamente al pueblo puertorriqueño como si hubiésemos establecidos un "compacto" con los EEUU, al cual él a sabiendas comprendía que era una farsa, y por tal razón estableció la legislación para la aprobación de la ley de Mordaza, para así acallar las voces de disidencia del independentismo, especialmente por su acomplejado y horroroso temor a su némesis político; Pedro Albizu Campos (Fernández, 1996: 178), pero quizás sus ínfulas de grandeza, combinadas con el anhelo de su padre y el de la mayoría de la burguesía criolla, de por fin conquistar el deseo histórico de gobernar la colonia había llegado y naturalmente con él, como su nuevo "caudillo". Al final, lo que terminamos fue con una supuesta constitución propia al cual el congresista Lemke nos recordó; "Ustedes saben, por supuesto, si por alguna razón la gente de Puerto Rico se vuelva loca, el Congreso siempre puede dar vueltas y legislar de nuevo" (Trias Monge, 1997: 112)

Aunque de acuerdo a Muñoz Marin, el principio de dicha relación, era desde entonces uno de libre consentimiento y que borraba cualquier trazo de colonialismo, la verdad era que el Congreso norteamericano sentía de una manera muy diferente. Uno y otra vez, los miembros del Congreso expresaban sus opiniones sobre la Ley Publica 600 y la implementación de una Constitución Puertorriqueña, no alteraría la relación anterior entre Puerto Rico y los EEUU. Inclusive, el Congreso, al final de cuentas fue la que aprobó la Constitución misma y se reservo el derecho de objetar y eliminar cualquier provisión que desaprobaba. Pero peor aún, era que el Congreso propiamente, podía en cualquier momento revocar la Constitución unilateralmente. (Fuentes-Rohwer, 2010: 1539)

Tanto fue la aparente traición de Muñoz Marin, que a sabiendas, que básicamente no se había logrado ningún cambio en el status territorial entre EEUU y Puerto Rico y que básicamente nos habíamos convertidos en una colonia con una constitución propia, que funcionaba con limitaciones de cualquier restricción del Congreso Americano o del Presidente, y que descaradamente por encima de eso, le demanda con toda la docilidad posible al Presidente Truman, que nos saquen de la imposición del articulo 73e del 1948 de las Naciones Unidas, que dictaban que las naciones que no se auto gobernaban, que se le transmitieran información periódicas sobre sus relaciones y condiciones políticas y económicas prevalentes. O sea, a pesar que Muñoz Marin sabía que en esencia todavía continuábamos siendo una colonia, insiste que nos saquen del ojo observador internacional de las Naciones Unidas, como para acallar las voces internas y externas simpatizantes con la descolonización de la isla y dejarlo con la tranquilidad de su enfermizo y dócil triunfo, de gobernar la colonia con las mentiras de una grandiosa asociación política/económica bilateral con los EEUU. (Trias Monge, 1997: 121 Fernández, 1996: 184)

O sea, esa falsedad que Muñoz Marin nos vendió ha sido disputada históricamente en Puerto Rico desde entonces con los mismos resultados. Por ejemplo el caso de Califano v. Torres (1978), donde Califano pierde los beneficios de SSI (Supplemental Security Income) que había obtenido en el estado de Conneticut y que perdió al mudarse a Puerto Rico, como tambien en el caso de Harris v. Rosario (1980), donde Rosario pierde en un caso similar los beneficios de Aid for Families with Dependant Children Act (AFDC) en donde la Corte Suprema admite, que la realidad de Puerto Rico no es una similar a los ciudadanos existentes en los EEUU y que primeramente aquella ciudadanía americana otorgada por la Acta Jones en 1917, es una inventada para el caso colonial de Puerto Rico, donde nuestros derechos no son, ni serán iguales aquellos ciudadanos de los estados de la federación norteamericana. Segundo, que extender estos beneficios a Puerto Rico serían demasiados caros para un territorio no incorporado, que ni siquiera contribuye con las arcas federales y que ya reciben una cantidad de beneficios más que meritorios comparados a su poca contribución. (Fuentes-Rohwer, 2010)

Ahora en el 2016 (5/11/2016), los miembros del autonomismo (PPD) se sienten sorprendidos y traicionados por las actitudes de los EEUU (como si todavía no comprendiesen la maldición de su pecado), referente a como las leyes federales van por encima de nuestras propias leyes y constitución, como en los casos de "doublé jeoperdy", que están pendientes en la Corte Suprema (2016) y que básicamente lo que dice es que las leyes de Puerto Rico no valen nada en comparación a las leyes federales, en otras palabras, ahí se va nuestra apreciada constitución, el único y mayor logro que conseguimos con la aprobación de la Ley Publica 600. Segundo, la tenebrosa preocupación con la mencionada imposición de la "Junta de Control Fiscal", que el gobierno norteamericano nos quiere imponer a causa de nuestra impagable deuda a los bonistas (prestamistas), creada por los mismo administradores coloniales nativos ineptos, incapacitados y corruptos de la colonia desde los años 70's y al cual los norteamericanos siempre han sospechado y que en diferentes ocasiones históricamente han declarado públicamente de dicha ineptitudes y incapacidades en el carácter de los puertorriqueños para auto gobernarse.

Capítulo VI

Después de los 60': La Identidad Nacional, el Discurso Colonial y la Docilidad Revisitada

Desde los 60's hasta los 90's el cuestionamiento de nuestra identidad nacional, el discurso político colonial y la docilidad, o sea, esa "divina trinidad" que fuese inventada, imaginada y propagada por las burguesías y pequeñas burguesías criollas nacionales puertorriqueñas, continuaban latente dentro del discurso narrativo intelectual puertorriqueño, como aquel tema no terminado y que germinaban un 'virus' de una nación que no solo se sometía consciente o inconscientemente a unos poderes de intereses clasistas, al cual a su vez eran sometidos a unos poderes que los sometía, tanto a ellos, como al pueblo, a una colonización extranjera, sin el deseo o el poder ético/moral de desafíalos de maneras conscientes o inconscientes.

Algunos hoy, todavía nos dicen y insisten en convencernos, con discursos narrativos retóricos y con nuevos teoremas que intentan disolver cualquier tipo de análisis crítico y de conocimiento, de que no podríamos encontrar un consenso objetivo dentro de una desconstrucción de la historia cultural nacional, sospechosamente alimentando la quebrantes de un espíritu nacional, a que pueda de una vez y por todas, arrancar las cadenas impositivas de unos sectores que han llevado a la nación puertorriquena a una ruina socio/cultural y política/económica que de acuerdo a ellos, en sus posturas derrotistas, aparentan ser inescapables.

Paul Ransome, nos hace un análisis de pensamiento de Antonio Gramsci al respecto de la función de los intelectuales y nos dice;

> "En la esfera política, cada grupo social o clase (al cual trae su existencia por las formas particulares al cual las practicas

económicas se organizan) genera la necesidad de los intelectuales al cual ambos representan los intereses de dichas clases y desarrollan un entendimiento ideológico del mundo." (Ransome, 1992: 198)

A diferencia de Antonio S. Pedreira, fueron dos intelectuales independentistas, René Márquez y José Luis Gonzalez, uno quizás influenciado por aquella escuela de pensamiento pos guerra de judíos Marxistas, como lo fue aquella Escuela de Frankfort, que cuestionaron la docilidad judía y su genocidio y otro de un Marxismo contenido dentro de una orientación Althusseriana con posturas clasistas y propagaciones de naturalezas nacionalistas de las "superestructuras", que cuestionaron y levanto el grito en el cielo, de unas realidades que todavía hoy habrían que ser sometidas a nuevos análisis, ya que como en la "Divina Trinidad" del Cristianismo, el concepto de un Dios con tres identidades, sería imposible analizarlas sin detenidamente mirar a sus tres componentes como una sola identidad de un mismo Creador. Es por tanto que mi análisis y critica a los escritos de Márquez y González, se tendrían que hacer unificados, para poder conocer y comprender la "divina trinidad" de las creaciones burguesías y pequeñas burguesías criollas puertorriqueñas y sus consecuencias a la sociedad y cultura puertorriquena en su totalidad.

Después de aquel impactante artículo de Rene Márquez en 1961; "El Puertorriqueño Dócil", la literatura académica e intelectual en Puerto Rico ha estado minada de los temas de la; identidad nacional, la identidad política, la cultura puertorriquena y la docilidad. O sea, el tema era y sigue siendo sin haber encontrado una definición concreta; *¿Quiénes somos? ¿Cómo somos? Y ¿Por qué somos así?*

¿Quiénes somos?, se podría contestar dentro de una narrativa histórica, al cual no solo se mire a las historias y archivos oficiales narradas por las identidades dentro del poder político/socio-económico, pero también con una concienzuda analítica critica y de conocimiento que nos pueda llevar a una nueva visión de nuestra sociedad y cultura. Recientemente he visto que en todas nuestras municipalidades existen los historiadores oficiales de dichos municipios, especialmente si miramos a través de los diferentes canales televisivos del país, los diferentes programas dedicados a la historia de los diferentes municipios. Creo que esto está muy bien hecho y sin lugar a duda necesario, ya que abre la imaginación de las masas populares, quizás con el deseo de visitar las diferentes áreas geográficas nacionales, no necesariamente con meras intenciones del turismo interno ("chinchorreo"), pero también con un interés de la expansión del conocimiento histórico/geográfico de la isla misma.

La única problemática que he visto dentro del análisis histórico de dichos municipios, es que en su mayoría no son análisis críticos de las historias de los municipios, pero más bien son unas *"historiografías"* que solo recopilan datos oficiales de los archivos al cual se ordenan dentro del espacio y tiempo, de maneras sincrónicas y diacrónicas, para crear cierta racionalidad de un ordenamiento histórico cartesiano. Personalmente creo que la recolección de data es imprescindible, ya que entre más data histórica, mas se podrían clarificar y comprender los hechos narrados. Pero por otro lado existe el problema, que estas historiografías aunque nos dicen algo, a la misma vez, no nos dicen nada nuevo aparte de lo que está plasmado dentro de la subjetividad histórica de los enciclopedistas del pasado y no necesariamente están basadas en las relaciones socio/económicas en la construcción de la verdad histórica misma. Si este es el caso, al cual no digo, ni asevero que lo sea, pero si es así como sospecho preliminarmente de mi propia subjetividad, entonces estamos en muy serios problemas. Ya que entonces la historia que documentamos sería una historia subjetivada de la burguesía prevalente en donde el proletario es un "agente invisible", que no tiene una función latente cultural dentro la construcción de la verdad histórica.

En una situación similar, pero en la India colonial Británica, Gayatri Spivak en su ensayo, "Puede el Subalterno Hablar" cita a su colega Ranajit Guha cuando dice:

> "La historiografía del nacionalismo Indio ha estado por mucho tiempo dominado por el elitismo – elitismo colonialista y elitismo nacionalista burgués… compartiendo los prejuicios que la creación de la nación India y el desarrollo de la consciencia – nacionalismo – al cual conforman este proceso son exclusiva y predominantemente los logros de las elites mismas. En las historiografías colonialistas y neo colonialistas estos logros se le acreditan a los administradores, políticas, instituciones y cultura; en los escritos nacionalistas y neo-nacionalista se deben a las personalidades de las elite, sus instituciones, actividades e ideas" (Spivak, 1988: 79)

La problemática de las construcciones, invenciones e imaginaciones históricas sobre la existencia de los "agentes invisibles" (especialmente el Jibaro), es que carecen de una voz propia y que la única evidencia de su presencia no proviene del agente subalterno mismo, pero mayormente de voces contradictorias problemáticas y subjetivas que aparentan estar prejuiciadas en contra de ellos y que de alguna forma u otra distorsionan la realidad de su existencia. En otras palabras, *el jibaro aparentemente no se reconoce a sí mismo, sino que es externamente reconocido por el otro*. Esta problemática es visualizada por Habermas cuando comenta, que se nos hace imposible lo que él llama la "inclusión de diferencia sensitiva", que es la coexistencia pluralistica de varios grupos étnicos, comunidades lingüísticas, comunidades religiosas y otras formas de vida, en nuestro caso, 'el jibaro'. (Habermas, 1996: 172)

Admitiendo entonces, que el único creador original de la historia puertorriqueña es una producción del burgués criollo que construyo, imagino y propago una identidad cultural nacional que se parece a él, pero que sabemos que no es él y que proyecta una imagen de un "otro", que tampoco sabemos si ese "otro" es tal como se les describe. No es que la imaginaria del burgués criollo era una fantasiosa o nutrida de una supuesta épica mítica icónica, dentro de su construcción, pero era una al cual el criollo burgués se encontraba enclavado socio/culturalmente entre dos mundos distintos y dentro de un sofocante espacio geográfico dominado política y económicamente por un imperio, que ya cuestionaba su alegada identidad española.

La pregunta clave sería entonces, ¿Porque el "jibaro"? El burgués criollo para comenzar tenía una postura paternalista como hemos visto anteriormente, donde se siente superior al jibaro por su supuesta "alta cultura", tanto como por su posición socio/económica donde explota y domina al "otro", y donde entonces cree tener un derecho ético y moral de tratarlo no tanto como un hijo, pero más bien, como un niño pícaro, indisciplinado e inculto; o sea, el reconocido síndrome literario de "Juan Bobo". La relación o falta de relación entre el jibaro y el burgués criollo es una de dominación simbiótica donde el criollo extrae del jibaro ciertos comportamientos psico/sociales y se los auto adjudica como suyos, pero nunca dejando atrás su condición burguesa y su prevalente amor por su identidad directa de la madre patria española, al cual nunca renunciaría. Al final lo que prevalece, es una mutación simbiótica socio/cultural de un individuo que se re-inventa, en unos variados dualismos consignados entre superioridad/inferioridad, poder/sometimiento y valor/docilidad. Aquí este burgués criollo se comprende *superior* al jibaro, pero *inferior* a la autoridad imperial, tiene el *poder* del hacendado sobre el proletario, pero se ve *sometido* al dictado del imperio, demuestra un *valor* feminizado ante el pueblo, pero demuestra su *docilidad* ante los fusiles, de aquel que los amenaza y los atropella.

Es este el puertorriqueño, en el cual históricamente se plasma la identidad nacional y cultural de Puerto Rico, al cual es más bien una mutación parecida a la creativa literaria de Mary Shelley (Frankenstien), donde el hombre que re-nace, es el efecto de las distinciones culturales propias de las partes, sin perder de vista, que las distinciones son arbitrarias y subjetivas de sus propios creadores, donde no solamente se adjudica personalmente la esencia de su creación, pero que condena al resto del pueblo, a su interpretación de un hombre de inmensa fragilidad prostrados en sus propios complejos que históricamente ha arrastrado y concentradas en las dicotomías de la superioridad/inferioridad, poder/sometimiento y valor/docilidad.

La siguiente pregunta sería; *¿Cómo somos?* Hay que tener extremado cuidado cuando decimos ¿Cómo somos?, ya que eso entendería que la identidad cultural nacional de los puertorriqueños es una extremadamente homogénea y que todos somos y hemos sido idénticamente iguales históricamente, algo que el antropólogo Julian Steward y sus discípulos; Eric Wolf y Sidney Mintz, ya habían encontrado de no ser cierto en su clásico etnográfico, "The People of Puerto Rico". Aparte que no podemos olvidarnos que cuando hablamos del concepto de identidad, esto no significa algo estático, pero más bien un elemento situado en el espacio y tiempo, que constantemente va cambiando y reconstruyéndose, y que siempre esta expuestas a procesos socio/culturales y económicos. En muchos aspectos mi mayor diferenciación identidaria nacional en este análisis, es una que se divide en aspectos de clases socio/económicas, aquellas entre las burguesías criollas y proletarias, pero estas no son necesariamente las únicas, ya que también existen diferencias raciales, étnicas, religiosas, urbanas/rurales, entre otras. ¿Entonces la pregunta inmediata sería, que nos da nuestra uniformidad como nación?

A finales de los 80's, el literato puertorriqueño, José Luis Gonzalez, escribió su controversial ensayo; "El País de Cuatro Pisos". En dicho ensayo, José Luis Gonzalez nos da su interpretación de lo que el percibe como la verdadera identidad histórica cultural del puertorriqueño, dividiéndola en cuatro etapas o como su metáfora indica, de la construcción de una multi-estructura vertical, al cual cada piso representa una época histórica en particular, donde los cambios socio/culturales se van desarrollando, hasta llegar a hoy en día. Quizás, no por mucha casualidad, yo tanto como Gonzalez entendemos que las marcadas deferencias de clases socio económicas, no son necesariamente esenciales, pero elementales y imprescindibles en la compresión del análisis de nuestra identidad cultural nacional.

> "Empezaré, entonces, afirmando mi acuerdo con la idea, sostenida por numerosos sociólogos, de que en el seno de toda sociedad dividida en clases coexisten dos culturas: la cultura de los opresores y la cultura de los oprimidos. Claro está que esas dos culturas, precisamente porque coexisten, no son compartimientos estancos, sino vasos intercomunicantes, cuya existencia se caracteriza por una constante influencia mutua. La naturaleza dialéctica de esa relación genera habitualmente la impresión de una homogeneidad esencial que en realidad no existe." (Gonzalez, 1989: 13)

En el caso de Puerto Rico, primeramente no existe dos culturas, pero más bien varias culturas y subculturas, al cual crea una dialéctica de inter-comunicantes influyente, generando una fusión que se esparce como una pintura de agua multi-coloreada, al cual fluye a través de un lienzo sin saber donde comienza y donde termina, creando una impresión de una homogeneidad, que aunque sí existe, pero existe como aquella de un feto en su nacimiento, al cual es imposible o muy difícil conocer su composición genética con solamente mirarla y sin hacer un diagnostico analítico concienzudo.

Es precisamente dentro de esta falsa postura de una homogeneidad, que parte la problemática de nuestra identidad nacional cultural al cual de maneras conscientes e inconscientes han sido propagados y manipuladas, muchas veces creadas con una intensa habilidad persuasiva de parte de ciertos sectores de poder que tradicionalmente han estado directamente entrelazados con unas precisas motivaciones política/económicas. La experiencia política/histórica de la independencia de Latino América, nos había indicado que para poder crear verdaderamente una unidad identidaria nacional, habría que luchar agresivamente por la independencia política nacional y como la experiencia de la historia del colonialismo Latino Americano, que también nos había indicado claramente, que los imperios nunca están muy dispuestos a ceder sus posesiones territoriales a las buenas y si tienen que atropellar a los responsables de algún movimiento libertador, los harían sin impunidad como ejemplo a otros que tuviesen ideas similares. Es por tal razón que José Luis Gonzalez, comprende y analiza el pensamiento de Ramón Emeterio Betances y sus frustraciones ante el fracaso de la unidad nacional con el fin de la liberación política nacional.

"Ramón Emeterio Betances a la cabeza, creían en la independencia nacional y lucharon por ella, fue porque comprendían que esa independencia era necesaria para llevar adelante y hacer culminar el proceso de formación de la nacionalidad, no porque creyeran que ese proceso

111

hubiera culminado ya." (Gonzalez,
1989: 15)

Pero como nos indica Gonzalez en su analítica de Betances, el prócer "Antillano", se vio tan frustrado en sus intentos por la independencia de Puerto Rico, que lo lleva a comentar que; "los puertorriqueños no querían la independencia", pero cuando Gonzalez va mas allá en su análisis, se da cuenta que Betances no se refiere a todos los puertorriqueños, pero que claramente este nombra la causa de su frustración con nombre y apellido cuando dice, "los puertorriqueños **"ricos"** no han abandonado", o sea, la burguesía nacional criolla. "A Betances no le hacía falta ser marxista para saber que en su tiempo una revolución anticolonial que no contara con el apoyo de la clase dirigente nativa estaba condenada al fracaso" (Gonzalez, 1989: 16)

Algo es de suma importancia es el porqué esta burguesía nacional dominante se comportaba psico/socialmente ante de su continua ambigüedad política y Gonzalez nos comenta:

> "y en Puerto Rico esa clase, efectivamente, "no quería la independencia". Y no la quería porque no podía quererla, porque su **debilidad** (énfasis mío) como clase, determinada fundamentalmente -lo cual no quiere decir exclusivamente- por el escaso desarrollo de las fuerzas productivas en la sociedad puertorriqueña, no le permitía ir más allá de la aspiración reformista que siempre la caracterizo." (Gonzalez, 1989: 16)

Este sentido de debilidad que menciona José Luis Gonzalez, es claramente y sin lugar a dudas la **docilidad** histórica del burgués criollo puertorriqueño y no la del pueblo proletario puertorriqueño, pero es el mismo burgués el que se da cuenta de su vergonzosa cobardía dócil, y es el mismo el que también se la quiere adjudicar directamente al resto del

112

pueblo puertorriqueño, bajo el pretexto de las nuevas ideas, ya no las nociones culturales de la vieja España, pero aquellas civilizadoras de la supuesta política democrática de su nuevo amo colonial. Es por tal razón que René Márquez nos comenta:

> "Lo que en la década del veinte era *aplatanado* y *ñangotado* se convirtió en 1930 en *resignado* y *fatalista* para evolucionar con hipocresía ladina hasta el *pacífico* y *tolerante* que hoy hemos puesto en boga. Pero es el político actual en colaboración con alguno que otro sociólogo complaciente, quienes han llevado el concepto al colmo de la expresión eufemista: el puertorriqueño dócil ha venido a ser, para ellos, nada más y nada menos que *democrático.*"
> (Márquez, 1961: 38)

Las burguesías criollas siempre quisieron una democracia reformista, naturalmente con ellos al mando, aunque históricamente siempre prostrados y pisoteados con el yugo colonial por sus razones de su cobardía patriótica y docilidad política. Esta noción del pensamiento civilizador de la democracia de la nueva colonia norteamericana estaba mucho más a su servicio de lo que ellos mismos pensaban, cuando queda delatada su antigua falsedad de una "cultura alta" y una "cultura baja" al cual distinguía en el pasado a la burguesía criolla con una autoridad cultural dominante paternalista y que luego la sustituye durante el modernismo capitalista al cual le impone el imperio, con lo que conocemos hoy como las "culturas de las elite" y las "culturas populares", dejando a esa misma burguesía criolla sin una aparente superioridad cuasi divina al cual gozaba en el pasado, y dejando ahora comprender, que ambos grupos o clases, tenemos una cultura particular que nos distingue al 'uno' del 'otro'.

Es el mismo José Luis Gonzalez que denota esa realidad, trayendo a colación de como las clases elitistas del pasado, como para no admitir las realidades históricas culturales de aquellas poblaciones que componían las supuestas "baja cultura", las denominaba como realidades folklóricas. (Gonzalez, 1989: 19) O sea, las interpretaciones subjetivas de las voces fantasmagóricas y la presencia de aquellos "agentes invisibles" al cual todos sabían de, pero nadie verdaderamente conocía. Era como aquel hijo de algún burgués, que había nacido con algún problema genético o patológico mental, que requería atención especial y al cual los burgueses escondían y recluían, en una habitación en la parte trasera de la casa, como se no existiese, o sea, al cual todos sabían de su existencia, pero que nadie verdaderamente los conocía.

De la misma manera, estos grupos o poblaciones folklóricos eran aquellos que la burguesía gustaba de imitar, no como aquella mímica que nos habla Homi Bhabba, del colonizado imitando a su amo colonial, pero aquella mímica de la presencia de un "agente invisible", supuestamente inferiores culturalmente a ellos, pero que contenían una identidad propia y distinta a la suya, y no parecida a la del amo colonial, como la que el burgués quería emular. Sus imitaciones que se daban durante celebraciones de naturalezas culturales municipales o escolares educativas, en donde las interpretaciones del "jibaro" eran interpretadas por un aspirante actor o actriz burguesa, como si el jibaro mismo ya no existiese y había que interpretarlo, porque él era incapaz de reconocerse a sí mismo. Esta realidad era como en los inicios del teatro y cine norteamericano, donde los personajes de los afro-americanos, eran interpretados por actores blancos, como en el caso de Al Jonson, que se pinta la cara de negro, se pinta unos labios groseramente enormes y se caracteriza como él supuesto, "Jazz Singer" (cantante de jazz). En su mentalidad burguesa, quizás ellos creían estar haciéndole una justicia sublime al jibaro, pero como en el caso de los afro-americanos, realmente lo que demostraban era su racismo, complejo de inferioridad y prejuicio, por aquel que tenía algo, que ellos no tenían y que definitivamente deseaban tener.

114

Pero hasta aquí es tengo ciertas similitudes con José Luis Gonzalez, especialmente cuando el gran literato nos dice; "Ya es un lugar común decir que esa cultura tiene tres raíces históricas: la taína, la africana y la española. Lo que no es lugar común, sino todo lo contrario, es afirmar que

de esas tres raíces, la más importante, por, razones económicas y sociales, y en consecuencia culturales, es la africana" (Gonzalez, 1989: 19) Aquí creo que el pensamiento político/económico social Marxista de Gonzalez, tienden a mi entender, a considerar aparentemente objetivas ciertas realidades al cual tienden a ser consciente o inconscientemente subjetivadas. Primero, creo que clasificar a las poblaciones culturales puertorriqueñas en tres grupos; españoles, taínos y negros, de ser muy simplista, y aunque entiendo que lo que dice Gonzalez es basado en una de expresión de un entendimiento popular que tiene raíces dentro de la propagación intelectual burguesa criolla, él personalmente parte de esa misma subjetividad para crear establecer un argumento objetivado.

> "Todo lo que sucede es que en Puerto Rico se nos ha "vendido" durante más de medio siglo el mito de una homogeneidad social, racial y cultural que ya es tiempo de empezar a desmontar... no para "dividir" al país, como piensan con temor algunos, sino para entenderlo correctamente en su objetiva y real diversidad." (Gonzalez, 1989: 25)

Segundo, creer que el indígena nativo (taíno) había desaparecido era algo que el mismo historiador burgués había establecido por diversas razones y por tal razón, y por razones obvias, el más que nadie debió extender su análisis investigativo para comprender o hasta posiblemente dudar tal aseveración por meramente simple observación. Hoy naturalmente, a través de investigaciones científicas utilizando métodos del ADN, sabemos al menos, que por la parte mitocondrial (materna), que los taínos realmente no desaparecieron, pero que sus descendientes aún viven en nuestra venas y que debemos comprender que quizás el jibaro blanco (hombre) posiblemente no solo aprendió de la "raza negra" como sugiere José Luis Gonzalez, pero quizás esa misma taína (mujer) tenía tantas influencias o más de las que tenía el negro en el desarrollo de nuestra cultura y especialmente con la evolución cultural del jibaro mismo. Creo también que el autor a veces romantiza la participación de la cultura negroide, que aunque sin lugar a dudas tienen gran influencia y que son innegables, pero va más allá de ciertos límites al cual uno personalmente lo conduce a tener intelectualmente ciertas dudas de su objetividad. Decir que el arroz y bacalao son comidas negras, porque hay similitudes caribeñas de una presencia negroide teniendo esa cultura alimenticia dentro de su gastronomía, me parece poco imaginativo. El arroz sabemos que viene a Puerto Rico vía la España Andaluza donde los moros árabes la trajeron consigo desde el Medio Oriente Asiático y el bacalao es una bien culinario muy bien cotizada y utilizada por razones económicas de disponibilidad de dicho bien en la Península Ibérica, principalmente en Portugal, donde el bacalao posiblemente se come todos los días y de cien maneras diferentes.

Tercero, cuando José Luis Gonzalez nos dice; "Si la sociedad puertorriqueña hubiera evolucionado de entonces en adelante de la misma manera que las de otras islas del Caribe, nuestra actual "cultura nacional" sería esa cultura popular y mestiza, primordialmente afroantillana." (Gonzalez, 1989: 22) Cuando el autor habla de nuestra cultura actual, yo me pregunto, entonces en que cultura vivía José Luis Gonzalez. Porque hasta lo que yo conozco, en esencia somos y seguimos siendo descendientes de una cultura popular caribeña, al cual es mayormente mestiza (indígena) y afroantillana (africana), pero naturalmente con un lenguaje, valores y tradiciones españolas, como el resto de Latino América. El que el burgués criollo haya distorsionado dicha realidad para acomodarse dentro de las estructuras de poder socio/culturales, política/económicas para robarse y adoptar una identidad que no era suya, son otros veinte pesos. Aquí nuevamente

Gonzalez quiere romantizar la presencia afroantillana como mayoritaria, cuando sabemos que por las mismas razones económicas que Gonzalez alude, la presencia de esclavos en Puerto Rico fue mucho menor que en el resto del Caribe. Es más, yo contengo, que si en Puerto Rico hubiese existido una presencia demográfica afroantillana y esclava mucho más amplia poblacionalmente, quizás nuestra realidad política/económica y social/cultural, hubiese sido parcialmente diferente. Quizás fueron estas las mismas razones que influenciaron a José Celso Barbosa, a tomar el camino del anexionismo, en vez de aquellas del independentismo, que por cierto, en esa época también estaban minados por criollos burgueses y con tendencias racistas.

Errores similares los comete Rene Márquez que cuando cuestiona la docilidad del puertorriqueño, lo hace obviamente sin distinguir que puertorriqueños, o sea, partiendo de la premisa que todos los puertorriqueños eran iguales, especialmente entre las diferencias de clases sociales económicas. Cuando Márquez habla de los puertorriqueños que fueron a pelear a la guerra de Corea, Márquez omite o más bien no analiza correctamente quienes fueron precisamente los puertorriqueños que fueron a la guerra de Corea, al cual eran en su mayoría de las clases proletarias y pobres del país, fenómeno que continua siendo igual hoy en día, ya que la mayoría de los puertorriqueños que ingresan a las fuerzas armadas americanas lo hacen por razones principalmente económicas, que por las supuestas razones patrióticas que se van elaborando con el entrenamiento militar que esta fortalecido psicológicamente en condicionar y domesticar al individuo por valores psicológicos/ideológicos al cual el acepta sin cuestionar, o sea, "never cuestión your orders" (nunca cuestiones tus ordenes), y que Michel Foucault nos comenta en su libro, "Disciplina y Castigo", cuando habla de los "cuerpos dóciles", y que peor aún, cuando salen de la guerra, regresan psicológicamente con una identidad distorsionada y disfuncional, que desconoce quién es y a donde pertenece y en donde dicho condicionamiento psicológico militar sigue rigiendo en su comportamiento, causándole un trauma de quién es y donde pertenece,

117

que llevaran por el resto de sus vidas, o sea, es la misma alegada docilidad y debilidad del; *El soldado Damián Sánchez,* al cual no es necesariamente una debilidad dócil exclusiva del puertorriqueño, pero de todos aquellos militares donde su entrenamiento condicional militar, distorsionó sus valores éticas y morales, creando una incertidumbre de su propia existencia, que los lleva a comportamientos traumáticos pos guerra.

Por el otro lado, el despliegue propagado masivamente del heroísmo al cual se reconoce el 65 de Infantería, no fue uno al cual el veterano mismo construyo ni en la realidad, ni en la ficción, pero fue una construida por aquel que nunca fue a pelear en la guerra, (con la excepción de Emilio Díaz Valcárcel), creando una realidad nuevamente fantasmagórica de una identidad nacional homogénea, al cual aquel que la construye aparenta querer adjudicarse el valor del 'otro', por el hecho de haber nacido en el mismo espacio geográfico. Es más, "el soldado Damián Sánchez", me parece a mí personalmente, más a una alegoría metafórica de un criollo burgués que aparenta estar acomplejado, débil y dócil, por el trato despótico y racista del soldado norteamericano y brutaliza al pobre soldado sudcoreano, como si fuese un jibaro, al cual el comprende y visualiza ser mas inferior que el.

Continúa y correctamente Rene Márquez, nos habla de la docilidad de los personajes en nuestra literatura, comprendiendo así como nuestra literatura nacional, como hemos visto, repetidamente intenta señalar sus debilidades reflejadas en el 'otro', como una justificación de aquella docilidad del cual padece y aparentemente se avergüenza.

> "El fenómeno nacionalista dramatiza -tanto en la realidad como la literatura- otro problema' psicosocial: el notorio impulso auto destructor del puertorriqueño, en otras palabras, su tendencia' suicida. Este reprimir o inhibir el normal impulso agresor hacia los

demás, para dirigirlo morbosamente hacia sí mismo, ¿es una característica de seres y pueblos dóciles (léase ñangotados, tolerantes, "democráticos")? El asunto será quizás debatible, pero mientras una autoridad en psicología no nos pruebe lo contrario, podemos aceptar el hecho como característico dentro del cuadro psicológico de la docilidad." (Márquez, 1961: 41)

Quizás José Luis Gonzalez nos explica este fenómeno más claramente cuando se refiere al nacionalismo político de Pedro Albizu Campos, basándose en las reflexiones intelectuales de Ángel Quintero Rivera cuando nos dice;

"Ese proceso lo ha explicado muy bien Ángel Quintero Rivera en sus aspectos económico y político, dejando muy en claro que la impotencia de esa clase para enfrentarse con el proyecto histórico progresista al imperialismo norteamericano en razón de su cada vez mayor debilidad económica, la llevó a abandonar su liberalismo decimonónico para asumir el conservadorismo que ha caracterizado su ideología en lo que va de este siglo." (González, 1989: 17)

Es precisamente esta debilidad que la vieja sociedad clasista de la burguesía criolla, o sea la de los hacendados, que lleva a esta clase a perder su virtud de poder como clase económica y se transforma en una nueva clase privilegiada pequeño burguesa, ya no tanto conservadora, pero una de un liberalismo basado en el colonialismo, pero basada en el control de un poder político/económico por esa misma pequeña burguesía criolla.

"La élite social tenía dos sectores claramente distinguibles: el sector de los

119

hacendados y el sector de los profesionales; Quintero Rivera ha explicado con mucha claridad cómo se diferenciaban ideológicamente esos dos sectores de la élite: más conservador el primero, más liberal el segundo. Por lo que a la producción cultural se refiere, hay que precisar lo siguiente. La cultura que produjeron los hacendados fue, sobre todo, un modo de vida señorial y conservador. Los propios hacendados no fueron capaces de expresar y enlazar literariamente ese modo de vida: de eso tendrían que encargarse, bien entrado ya el siglo XX, sus descendientes venidos a menos como clase (como clase, entiéndase bien, porque individualmente los nietos de los hacendados "arruinados", convertidos por lo general en profesionales, empresarios o burócratas, disfrutan de un nivel de vida como el que nunca conocieron sus abuelos)." (González, 1989: 27)

Naturalmente, uno no debería creer que dentro de estas clases pequeño burguesas, antiguamente las burguesías de hacendados, no hubiesen facciones independentistas nacionalistas o también como los viejos "incondicionales" anexionistas durante el colonialismo del régimen español. Son estos grupos de clases socio/económicas al cual mantienen sus sentidos de debilidad dócil que buscan el poder político/económico colonial y como comenta René Márquez;

"Hay una diferencia, sin embargo. El nacionalista logra casi siempre y literalmente sus propósitos: muere de modo violento. El anexionista, en cambio, es un muerto en vida, un suicida nunca del todo realizado, un condenado a sí mismo a destruirse como puertorriqueño y más cada día, sin lograrlo nunca, puesto que no puede destruir totalmente su esencialidad puertorriqueña mientras en él aliente vida. Esta condición patética del eterno auto condenado del anexionista explica el grado de claudicación, humillación y servilismo a que puede en ocasiones llegar en su empeño suicida de anular o destruir su personalidad puertorriqueña." (Márquez, 1961: 44)

Nuevamente, son estas clases socio/económicas al cual quieren inventar o imaginar la esencia de la identidad nacional puertorriqueña, no padecen contar con las fuerzas del proletario puertorriqueño al cual a partir, al menos después del el supuesto "tercer piso" de José Luis Gonzalez, con una capacidad propia de inventarse e imaginarse a si mismo dentro de los procesos del capitalismo industrial consumista, al cual los somete el nuevo régimen colonial norteamericano.

"Tal manera de ver las cosas no sólo confunde la parte con el todo, porque esa cultura ha sido efectivamente parte de lo que en un sentido totalizante puede llamarse "cultura nacional puertorriqueña", pero no ha sido toda la cultura producida por la sociedad insular; sino que, además, deja de reconocer la existencia de la otra cultura puertorriqueña, la cultura popular que, bajo el régimen colonial norteamericano, no ha sufrido nada que pueda definirse como un deterioro, sino más bien como un desarrollo: un desarrollo accidentado y lleno de vicisitudes, sin duda, pero desarrollo al fin..., el desmantelamiento progresivo de la cultura de la élite puertorriqueña bajo el impacto de las

121

transformaciones operadas en la sociedad nacional por el régimen colonial norteamericano ha tenido como-consecuencia, más que la "norteamericanización' la de esa sociedad, un trastocamiento interno de valores culturales de la cultura de los puertorriqueños "de arriba" no ha sido llenado, ni mucho menos, por la intrusión de la cultura norteamericana, sino por el ascenso cada vez más palpable de la cultura de los puertorriqueños de "abajo"."
(Gonzalez, 1989: 29)

Una de mis mas grandes preocupaciones con el análisis de la docilidad del "negro" anexionista puertorriqueño de parte de Márquez, es principalmente, como posiblemente su falta de análisis, o sea, del porque del negro puertorriqueño querer asociase o pertenecer a un país que ha sido claramente un exponente de un racismo rampante en contra de aquellas personas de color, aun después de la abolición de su esclavitud en el siglo 19 y sus movimientos por sus derechos civiles en el siglo 20.

"El fenómeno alcanza el más alto nivel de absurdidad en el caso del negro anexionista. Nacido en una cultura donde el prejuicio racial se ha mantenido, en este siglo de cruentos conflictos, a un nivel muy bajo, lucha desesperada y suicidamente por destruir esos patrones culturales de humana convivencia para incorporar su país a una cultura foránea donde el prejuicio actual contra el negro alcanza niveles de odio, crueldad y salvajismo jamás experimentados por la sociedad puertorriqueña contemporánea."
(Márquez, 1961: 44 – 45)

Es precisamente la falta de una investigación exhaustiva de una historia narrada o expuesta por agentes y comunidades negras puertorriqueñas al cual lleva a Márquez a una problemática de extrema subjetividad histórica socio/política, al cual aparentemente parte de una observación empírica y no de una pregunta contenida dentro de una repuesta de una investigativa más objetivada. En este sentido, Gonzalez es mas sensitivo a las poblaciones negras y les confiere una gran parte de lo que el visualiza como el mayor responsable de la identidad nacional puertorriquena, pero esta identidad nacional proviene mayormente de las culturas populares (negras) al cual Gonzalez parece excluir en dicha identidad las voces de otros agentes y comunidades influyentes como, las del campesinado de las montañas (jibaros), al cual él subjetivamente cree que fueron extremamente influenciados por el negro, como también omite las voces de las mujeres, sino a decirnos que la americanización ha sido responsable de su liberación, al cual ni siquiera menciona o como aquellos elementos religiosos cristianos católicos y protestantes al cual definitivamente han sido inmensamente influencias en la formación de nuestra identidad cultural. Las narrativas de Márquez y Gonzalez, parecen provenir de aquellas escuelas de las historias sociales, deterministas y positivistas de las elites intelectuales tradicionales, en vez de una de una historia cultural, donde variados elementos culturales deberían haber sido incluidos en vez de ser excluidos y hasta castrados socio políticamente.

Es posible que Márquez no conociera, sospechaba o por falta de una investigación etnográfica desconocía o al menos, no nos da razones por las tendencias anexionistas del negro puertorriqueño, sino que presenta unas posturas acusatorias de su aparente docilidad suicida. Quizás uno de los sectores que más desconfianza podría sentir por los elementos de las clases burgueses criollas en Puerto Rico fueron los negros nacionales. Esta comunidad sufrió desde esclavitud, abusos, segregación y hasta agresión racial física directa de parte de la burguesía criolla mayormente fenotípicamente blancas. El que el racismo norteamericano de Jim Crowe era más aparente socialmente y violento físicamente que el puertorriqueño, no deja de pensarse que el puertorriqueño negro no sufría de las humillaciones y maltrato racial que creaba una violencia psicológica individual y social colectiva contra la dignidad del negro puertorriqueño. El conocer el racismo de las burguesías criollas (mundo objetivado), podrían haber creado dentro la socio/psicología del negro puertorriqueño adoptar una estrategia política de resistencia en contra del autonomismo del discurso político colonial como un mecanismo de defensa (mundos subjetivos). "en este proceso histórico, las realidades sociales son a la vez objetivadas e interiorizadas. Es decir, por una parte remiten a mundos objetivados (reglas, instituciones...) exteriores a los agentes, que funcionan a la vez como condiciones limitantes y como puntos de apoyo para la acción; y por otra se inscriben en mundos subjetivos e interiorizados, constituidos principalmente por formas de sensibilidad, de percepción, de representación y de conocimiento." (Giménez, 1997: 2)

Vale la pena mencionar que Gonzalez comprende esta relación del anexionismo negro más que Márquez y a veces pienso que su crítica no solo va dirigida directamente al independentismo puertorriqueño, pero también hacia Márquez cuando dice;

> "El razonamiento es el siguiente: si los puertorriqueños negros aspiran a anexarse a una sociedad racista como la norteamericana, esa aberración sólo puede explicarse en términos de una enajenación. Pero quienes así razonan ignoran u olvidan una realidad histórica elemental, que la experiencia racial de los puertorriqueños negros no se ha dado dentro de la sociedad norteamericana sino dentro de la sociedad puertorriqueña, es decir, que quienes los han discriminado racialmente en Puerto Rico no han sido los norteamericanos sino los puertorriqueños blancos, muchos de

los cuales, además, se enorgullecen de su ascendencia extranjera." (González, 1989: 35)

En otras palabras las acciones de los negros puertorriqueños se podrían comprender como aquellas de un poder objetivado y una resistencia subjetiva, y no como una debilidad dócil y suicida de parte del negro como manifiesta Márquez.

> "Se trata del doble movimiento, ya expresado otrora por Jean-Paul Sartre, de "interiorización de la exterioridad" y "exteriorización de la interioridad". El lector habrá adivinado que éste es el espacio dinámico donde se sitúan tanto el habitus de Norbert Elías (concebido como "estructura interior de la personalidad"), como el habitus de Bourdieu (concebido a la vez como "esquema" y "disposición") , la "conciencia práctica" de Anthony Giddens y la "sociedad interiorizada" de Peter Berger y Thomas Luckman." (Giménez, 1997: 2 -3)

Por tanto, el acusar al negro puertorriqueño de una docilidad suicida sin comprender la "interiorización de la exterioridad" de parte de la clases sociales negras ("grupo o campo" de acuerdo a Bourdieu) es inminentemente peligrosa, ya que construye una docilidad del "otro" (negro), que parte de una resistencia a un "grupo" (burguesías) que dentro de sus estragos construye una docilidad de aquel que ejerce poder político/económico, social/cultural, al cual su docilidad proviene explícitamente de la imposición colonial al cual él se ve incapacitado a luchar abiertamente, pero que a su vez termina auto creándose dentro de

125

una "resistencia" de condición psico social y política sumisa ante el que lo atropella y que a su vez ve necesario atropellar al "otro" para lograr sus propósitos, o sea, la "exteriorización de su interioridad".

Como he mencionado anteriormente, donde los casos de José Celso Barbosa y Santiago Iglesias Pantín, se han analizado dentro de un esencialismo de los que no supero "las parejas de conceptos dicotómicos ("paired concepts", dice Bourdieu citando a Richard Bendix y Benett Berger) que la sociología ha heredado de la vieja filosofía social, como las oposiciones entre idealismo y materialismo, entre sujeto y objeto, entre lo colectivo y lo individual." y que no aparenta, "superar a la vez el "sociologismo" de Emilio Durkheim, que valoriza lo colectivo a expensas de lo individual, y el "individualismo metodológico" que valoriza al individuo a expensas de lo colectivo y estructural." (Giménez; 1997: 2) Es aquí donde el pensamiento y las acciones políticas anexionistas de Barbosa y Iglesias Pantín en vez aparentar ser contradictorias, uno por ser negro y el otro por ser socialista, contienen un sentido lógico, al cual ambos veían la primera línea de fuego a las burguesías criollas autonomistas y el anexionismo como un aliado mucho más poderoso que las burguesías criollas que los pisoteaban, o sea como dice el viejo refranero, "el enemigo de mi enemigo, es mi aliado". Tanto Barbosa como Iglesias, conocían a plenitud la realidad social/cultural norteamericana, exclusive Barbosa estudio en el mismo medio/oeste (mid – west) de EEUU (Universidad de Michigan), so el pensar que las supuestas contradicciones de sus pensamientos se debían a docilidades en su carácter psico/social es una malísima exposición de sus estrategias políticas de resistencia en contra de las burguesías criollas, al cual ellos siempre consideraron sus mayores enemigos y no a los norteamericanos.

Quizás entonces el análisis de José Luis Gonzalez sea más aportador cuando el comprende que con la invasión norteamericana, al cual inicialmente el burgués criollo acoge con manos abiertas, por la posibilidad de un anexionismo con la nación más poderosa de mundo y que inmediatamente comprende que el "tiro le salió por la culata", entonces creando un nacionalismo de esencia enfermiza, contenida dentro de una naturaleza de debilidad dócil dirigida entonces por el "Caballero de la Raza"; José de Diego.

> "Todos los portavoces políticos de esa clase saludaron la invasión como la llegada a Puerto Rico de la libertad, La democracia y el progreso, porque todos vieron en ella el preludio de la anexión de Puerto Rico a la nación más rica y poderosa y más 'democrática", no hay que olvidarlo, del planeta. El desencanto sólo sobrevino cuando la nueva metrópoli hizo claro que la invasión no implicaba la anexión, no implicaba la participación de la clase propietaria puertorriqueña en el opíparo banquete de la expansiva economía capitalista norteamericana, sino su subordinación colonial a esa economía." (González, 1989: 30)

Aunque la acusación de Márquez del negro puertorriqueño parece ser postrado en una subjetividad sin bases concretas, socio/psicológicas, culturales, o ni siquiera políticas, su análisis de las masas populares o lo que él llama el "puertorriqueño promedio" anexionistas aparenta crear en mí, no solo un gran interés, pero una gran curiosidad intelectual de saber; ¿Del porqué de su posible enajenamiento?

> "Repetimos, sin embargo, que el extraño fenómeno no es privativo del negro anexionista. El puertorriqueño "promedio", independientemente de su extracción racial, puede leer una novela, ver una película o seguir una serie de televisión, cuyo tema sea la lucha por la libertad de un pueblo que es o fue colonial

(Irlanda, Chipre, Cuba, Polonia, Argelia o las Trece Colonias Americanas, por ejemplo), sin que tampoco, ni remotamente, se le ocurra relacionar lo que lee, ve u oye, con la condición colonial de su propio país." (Márquez, 1961: 46)

Este fenómeno es uno que vale la pena ser investigado más a fondo de lo que yo le podría dedicar aquí, pero sin lugar a dudas contiene grandes enigmas del comportamiento psico/social del puertorriqueño que tanto yo, como quizás Márquez hemos vivido en carne propia. Es increíble ver grandes éxitos cinematográficos, como por ejemplo; "Brave Heart" entre muchos otros, donde uno puede ver al anexionista promedio más "reventao" sentir repudio, asco y hasta desprecio por el personaje del aristocrático príncipe Escoses (Robert Bruce), que traiciona a Wallace (Mel Gibson), que lucha sin cuartel por la independencia de Escocia del abusivo imperio de la monarquía Inglesa, sin el mismo sentir repudio, asco o desprecio por sus propias acciones que contiene las mismas realidades y similitudes políticas. Es este mismo puertorriqueño anexionista promedio que tiene, grandes sentimientos de identidad, emociones nacionalistas y gran orgullo patriótico por el personaje del "Patriota" (que por casualidad es nuevamente Mel Gibson), de la guerra por independencia norteamericana y un inmenso desprecio, que le da asco y repudio por el personaje traidor y vende patria del "loyalist" norteamericano, que quema a su propia gente (mujeres, ancianos y niños) en una iglesia para complacer los mandatos del imperio colonial Ingles, sin tener una mínima noción que él nuevamente podría ser, el símbolo representativo empírico directo del personaje del "loyalist", al menos políticamente hablando y sin lugar a dudas, todo lo contrario de lo que representa el "Patriota" mismo.

Uno podría analizar esta conducta y el comportamiento del "puertorriqueño promedio" anexionista desde diferentes puntos de vista o perspectivas, de autores como; Fanon, Memmi, Fromm, Marcuse,

128

Adorno, Arendt, Spivak, Bhabba o Guha, entre otros, o hasta de un constructivismo estructuralista, como Bourdieu o Giddens, o perspectivas Lacanianas como, Zizek o Renata Salecl, pero sin lugar a dudas, existe una necesidad de mucho mas análisis investigativo sobre este tema tan imprescindible, que posiblemente nos podría contestar, la aparente falta de una consciencia nacionalista política de ciertos sectores, que aunque sospecho que posiblemente, podría tener más ramificaciones psico/sociales económicas que psico/sociales políticas en esencia, pero para lograr comenzar dicho análisis, es indispensable identificar a este supuesto "individuo promedio" demográficamente, una tarea no fácil, aunque no imposible, especialmente con los escasos recursos disponibles en Puerto Rico para la investigación social. Aunque si me dicen en algún momento en el futuro, que estos individuos demográficamente son, personas mayores de 50 años, de poca educación formal, de clases marginadas, con problemas de salud física o mental, proveniente de familias disfuncionales, madres solteras, altamente dependientes de ayudas federales o gubernamentales, adicta a las noveles y programas de chismes y de religiones evangélicas fundamentalistas, no estaría sorprendido, ya que como citaran algunos "grupos" particulares de maneras conscientes o inconscientes; "Esta Escrito".

Aunque creo que si los norteamericanos se dan cuentan de que este posiblemente sería el caso emblemático de la mayoría anexionista en Puerto Rico, que de alguna manera creo que si no lo saben hasta ahora, se harán cargo de averígualo eventualmente, quizás el futuro del anexionismo en Puerto Rico, entonces sí; "Estaría Escrito".

Por otra parte, José Luis Gonzalez acusa al independentismo tradicional puertorriqueño, de crear una identidad nacional aparentemente enfermiza, como Márquez por el otro lado, acusa a la educación superior puertorriquena, de crear emociones y sentimientos dóciles referentes a esa misma identidad.

129

"El desconocimiento o el menosprecio de estas realidades ha tenido, entre otras, una consecuencia nefasta: la idea, sostenida y difundida por el independentismo tradicional, de que la independencia es necesaria para proteger y apuntalar una identidad cultural nacional que las masas puertorriqueñas nunca han sentido como su verdadera identidad. ¿Por qué esos independentistas han ido acusados, una y otra vez, de querer volver a los tiempos de España"? ¿Por qué los puertorriqueños pobres y los puertorriqueños negros han escaseado notoriamente en las filas del independentismo tradicional y han abundado, en cambio, en las del anexionismo populista." (González, 1989: 34 – 35)

"Pero quien crea que el fenómeno se circunscribe a la mentalidad del político de carrera en un gobierno popular deberá volver sus ojos a un ambiente más presuntamente intelectual e ilustrado; el de la Universidad de Puerto Rico. Notará allí la extraña sumisión del Claustro a los patrones autoritarios impuestos por la Administración pese al reciente y tan pregonado Senado Académico. Va sin decirse que en este caso entra en juego un factor curioso que viene a reforzar la docilidad puertorriqueña. Nos referimos a la total identificación de la mayoría de los profesores europeos, sud y norteamericanos –grupo crecido al presente- con la política autoritaria rectoral, reacción psicológica comprensible dada la sensación de inseguridad que experimenta aquel extranjero que se ve incrustado impensadamente en una estructura cultural para él ajena y, hasta quizás de acuerdo a sus propios complejos y resentimientos de exilado hostil." (Márquez, 1962: 49 – 50)

Lo cierto es que el independentismo tradicional siempre ha sido el centro de aquellas masas pequeño burguesas, que se basaba en su preocupación política con el repudio que le produce el colonialismo autonomista, aunque dicho repudio era posiblemente por el colonialismo autonomista, posiblemente su mayor preocupación se basaba por sus estrechos lazos de clase social que compartía con las burguesías y pequeño burguesías autonomistas criollas, que ponían en duda sus posturas concerniente a la misma identidad nacional puertorriqueña. Mi experiencia con estos independentistas, eran que hasta cierto punto, preferían ser catalogados de "melones" (verdes por fuera, pero rojos por dentro), que ser asociado o erróneamente identificados con los movimientos independentistas radicales del proletario y específicamente de tendencias Marxistas. Para los burgueses criollos y las presuntas ideologías de las democracias sumisas del imperio, el independentismo tradicional del Partido Independentista Puertorriqueño eran y son los independentistas buenos, los que no forman revolúes, son decentes, son inteligentes, "…un partido independentista pacífico, tolerante, resignado, "democrático" partido administrativo, no innovador ni revolucionario, en fin, como parte de la vida pública de la colonia, es alivio de conciencia de vital importancia para sobrellevar el complejo de culpa colectivo dentro del cuadro general de la docilidad puertorriqueña." (Márquez, 1961: 70), que por un lado, socio/políticamente, no se quieren identificar con los ricos de las burguesías nacionales, pero aun mucho menos se puede decir que se identifican con los pobres, aunque predican, que la independencia es, para las clases marginadas. Lo peor de todo esto, es que por los últimos cuarenta años, no se han dado cuenta de esta realidad y si eso fuese la peor de sus miserias, las caras de ese partido siguen siendo las mismas, cambiando muy poco históricamente, dejándome pensar que ellos no pueden ser tan tontos, en no reconocer esta realidad o quizás le han cogido el gusto al "profesionalismo político partidista" de las otras identidades político/partidistas coloniales y anexionistas, para vivir cómodamente dentro de la colonia sus vidas pequeño burguesas, enviciados de ciertos discursos políticos de un romanticismo noble y de carácter patriótico, contradictorias a las aparentes mentiras en su "praxis" política, donde al final, han aparentado históricamente ser más bien la alternativa (b) del autonomismo colonial burgués y pequeño burgués criollo nacional, que al final de cuentas, este mismo independentismo, saca a relieve su docilidad, al cual quiere esconder con un patriotismo que nació trágicamente enfermo y hoy se encuentra moribundo e irónicamente, se encuentra esperando que el mismo imperio decida su propio futuro, que como pequeño burgués dócil, los llena de alegría, porque por al fin parece que le llego el turno.

Por la otra parte, la Universidad de Puerto Rico, al cual era un centro latente de las ideologías y teorías socio político/económicas que alimentaban al independentismo proletario estudiantil intelectual puertorriqueño, no tanto de aquel independentismo tradicional, pero sí el de aquellos identificados con los movimientos independentistas radicales del proletario y de sus tendencias Marxistas anti-burguesas, al cual sus profesores, las elites intelectuales nacionales, eran las inspiraciones ideológicas que alimentaban sus insaciables deseos intelectuales y aquellas emociones puras de los espíritus que anhelan no solo una libertad individual, pero también aquellas de toda la colectividad nacional. La Universidad de Puerto Rico (UPI), dejo de ser a mediados de los 60's el centro intelectual de las burguesías criollas, para poco a poco convertirse en el centro intelectual de un independentismo radical, al cual entonces las burguesías criollas nacionales querían y tuvieron que controlar por todos los medios, ya que causaba y generaban grandes contradicciones a la política colonialista" Muñozista". Para lograr esta gesta, la universidad se politizo fervientemente a favor de las ideologías colonialistas y se personifico con tácticas y estrategias de unas maneras "fascistas" que solo los "caudillos" saben utilizar. Después del 1968, llegaron los anexionistas y de ahí en adelante se resolvió la destrucción de las ideologías anti-capitalistas y anti-anexionistas. Estos grupos se empeñaban en la desconstrucción de la identidad nacional y la propagación de la americanización sobre la puertorriqueñidad. Tanto el estudiantado y la Facultad de aquellas elites intelectuales de la izquierda independentistas, comenzaron a sufrir de parte de las vertientes de la ultra derecha de sus acostumbradas persecuciones y de las tradicionales personificaciones distorsionadas que la mediática nacional, al cual siempre los ha caracterizado, en nombre de sus malditas mentiras de la imparcialidad y objetividad periodística, representándolos de identidades nocivas, destructivas, ajenas a las posturas 'democráticas' de la docilidad que supuestamente todo el pueblo de Puerto Rico se identificaba. Y para aquellos que criticase a esta mediática que sublimemente se denota que claramente está comprometida, parcializada y objetiva, sufre de esa misma institución o "grupo" cívico de gran "poder/conocimiento" y al cual ellos muy bien saben que dominan, y utilizan estratégicamente sus investidas demagógicas de gran cubierta propagandista, para acallar y difamar a cualquiera de sus acusadores y disidentes que los cuestione.

Es por esta razón, que hoy en día no es difícil encontrar en algún lugar de espacio cibernético temáticas de ideologías y teorías filosóficas, al cual nunca se divulgaría en nuestra mediática que solo se distingue mayormente y con pocas excepciones, por su propagación de programación enajenante de la sociedad puertorriquena, de aquellas voces que no son representadas, como por ejemplo del ex profesor de la Universidad de Puerto Rico Yván Silen, cuando comenta sobre la condición de la Universidad de Puerto Rico;

> La universidad olía y huele a podredumbre. La universidad huele a "welfare". Olía y continúa oliendo a

plutocracia. Los estudiantes piden limosnas miserablemente en las esquinas y en los kioscos de una universidad apolillada que los convierte en la purulencia misma del espíritu. El saber universal se ha suspendido. Se ha sustituido por el "saber" del simulacro de la globalización. La universidad finge que sabe. Finge que *performa*. Finge que arde y que arte. Finge que premia la belleza de los "poetas" inexistentes que celebran el turismo. Su libertá de expresión ha sido sodomizada: ¡No grafites! ¡No carteles! ¡No poesíes! ¡No haikus! ¡No pienses! ¡No aforismes! ¡No fumes, ni te arrebates, ni bebas! ¡No hagas el amor! (¡Sólo habla en inglés cretinamente en los corredores de los hexágonos de la estupidez y de la muerte muñocista ahora, anexionista mañana!)". (Silen, 2013: 3)

Si Silen y Márquez tienen su preocupación exclusivamente con la Universidad de Puerto Rico, hoy en día, en Puerto Rico se aparentan haber más universidades por población estudiantil universitaria que en cualquier región de los EEUU, hasta observar y comprender claramente que existe una evidente comercialización consumista rampante de la educación universitaria en Puerto Rico. Debido a las realidades económicas de los puertorriqueños, la infusión de dineros federales (EEUU) disponibles para una gran mayoría de los puertorriqueños (Pell) para ingresar en cursos universitarios, al cual no necesariamente se le garantiza la calidad de dicha educación. Uno podría discutir que dichas ayudas facilitan una educación universitaria para el desarrollo educativo de nuestra población, pero si esta educación es de cuestionable calidad, el único que pierde es el estudiante mismo, donde se perpetua una educación de mediocridad, que de por sí ha sido cuestionable dentro los niveles secundarios de la educación pública nacional.

Por otro lado, la educación superior universitaria en Puerto Rico se ha estado distinguiendo por crear una sociedad/cultural de una educación vocacional, tecnológica y científica, en donde se han ido abandonando paulatinamente el interés de desarrollar y promover las disciplinas humanísticas y sociales, o sea, las disciplinas humanísticas y sociales que son la esencia del desarrollo de la consciencia socio/cultural de la nación, para así garantizar a través de una "biopolitica" educativa institucionalizada, el mantenimiento de una mentalidad y consciencia colonial dentro de la población educada en la isla, al cual en el pasado y con la experiencia de la UPI, había sido problemática. Por otra parte esta educación vocacional, tecnológica y científica solo ha servido, no exclusivamente para el desarrollo económico de Puerto Rico con una infraestructura humana capacitada dentro de una sociedad laboral global capitalista, pero como ha mostrado nuestra realidad política económica colonial, solo ha servido para la exportación de una mano de obra capacitada barata para competir con la mano de obra dentro de la metrópolis misma, creando una diáspora masiva puertorriqueña hacia los EEUU, compitiendo con un país que últimamente ha visto las inmigraciones "extranjeras" como peligrosas, no solo por su composición étnica, al cual parte de un creciente nacionalismo global, pero como una que le quita empleos, al cual ellos se lamentan que paulatinamente han ido perdiendo dentro de la misma globalidad capitalista, al cual han ido incrementado recesiones económicas y polarizaciones radicales entre las mismas clases socio/económicas, haciendo los ricos más ricos y los pobres más pobres y de forma paulatina han llevado a la disminución de la clases media, aumentando la pobreza.

Por un lado José Luis Gonzalez, desde los 80's, o sea más de treinta años atrás, nos hablaba de la precaria condición económica en que se encontraba entonces Puerto Rico, que por una razón u otra, aparentemente cayeron en oídos sordos y hoy vemos como dicho desastre ha explotado en nuestras caras de las formas más indignantes.

135

Si Gonzalez, lo ve desde el punto de vista de nuestra relación colonial con los EEUU, Rene Márquez, lo visualiza dentro la docilidad corrupta de las pequeñas burguesías y sus secuaces en posiciones de poder, para ocultarnos la verdad y llevarnos no solamente a la ruina económica, pero fortaleciendo la condición de la docilidad democrática, cuando nos metían el discurso colonial por boca y nariz a través de las instituciones ideológicas cívicas y del gobierno, al cual intentaban con "antropotécnicas" refortalecer una identidad nacional contenida dentro de una debilidad socio/cultural enfermiza.

"Hablar de la bancarrota actual del régimen colonial no quiere decir, de ninguna manera que este régimen haya sido "bueno hasta hace poco y que sólo ahora empiece a ser malo". Lo que yo estoy tratando de decir y me interesa mucho que se entienda bien, es que los ochenta años de dominación norteamericana en Puerto Rico representan la historia de un proyecto económico y político cuya viabilidad inmediata en cada una de sus etapas pasadas fue real, pero que siempre estuvo condenado, como todo proyecto histórico fundado en la dependencia colonial, a desembocar a la larga en la inviabilidad que estamos viviendo ahora." (Gonzalez, 1989: 39)

El patrón autoritario no es exclusivo de las esferas oficiales; se permea por igual a todos los grupos de la sociedad puertorriqueña. En los partidos políticos, las uniones y sindicatos obreros, las asociaciones profesionales, las organizaciones cívicas y las instituciones culturales, el poder tiende a concentrarse y perennizarse de hecho, muy a menudo se concentra y perenniza autoritariamente en una persona. El proceso democrático, seguido externa y mecánicamente con meticulosa y patética minuciosidad en ocasiones que sólo sirve para ocultar (acallando escrúpulos) la efectividad del autoritarismo en plena función. No es raro así ver a directores y presidentes peleles en organizaciones en que el dictador, por toda ladina hipocresía democrática, tiene a bien ocultar su poder "detrás del trono". Democracia de Derecho, gobierno autoritario de hecho, es una, descripción exacta, no sólo del Estado puertorriqueño, sino de todos aquellos grupos organizados más o menos al margen de la influencia directa oficial." (Márquez, 1961: 50)

Lo más indignante de la realidad de la clarividencia histórica de José Luis Gonzalez, es que ante esta alerta de una "bancarrota" económica de Puerto Rico hace más de treinta años atrás, es el hecho que no se hizo nada por resolverla, sino que fue empeorando por la incompetencia, la ineptitud y corrupción de las identidades en poder y de sus líderes nacionales. Hoy (2016), ya el Congreso de los EEUU, que tienen los derechos plenarios sobre el "territorio no incorporado, que pertenece a, pero no parte de EEUU" y que desde el1952 se disfrazo descaradamente por el imperio y sus lacayos coloniales como, el Estado Libre Asociado (ELA), nos ha impuesto una "Junta de Control Fiscal Federal" para resolver la crisis económica al cual los mismos administradores coloniales "rojos" (PPD) y "azules" (PNP) nos metieron desde algún tiempo y no quisieron admitir y que sus directores ineptos que por razones de los "nepotismo partidistas", actuaron como cita Rene Márquez cuando nos dice que, "no es raro así ver a directores y presidentes peleles en organizaciones en que el dictador, por toda ladina hipocresía democrática, tiene a bien ocultar su poder "detrás del trono".

Hoy estos mismo culpables de la condición económica de Puerto Rico, son los mismos ineptos y corruptos que quieren ignorantemente resolverla. En sondeos y encuestas hechas nacionalmente, el pueblo puertorriqueño en general decía, que le daban la bienvenida a la "Junta de Control Fiscal" y los mismos demagogos políticos partidistas de la colonia (PPD y PNP), en conjunto con la mediática nacional sensacionalista y comprometida, nos decía o asumía que el pueblo era ignorante y que desconocía la realidad política/económica que la Junta de Control Fiscal nos imponía. El pueblo quizás podría no haber tenido todos los conocimientos plenos de lo que conllevaba dicha "Junta" a nuestra nación, pero de algo estaban bien seguro y no se mostraban ignorantes en el hecho, que los causantes de dicha "Junta" eran los administradores incompetentes de la colonia (PPD y PNP) y por tal razón en exclusiva querían y deseaban a dicha "Junta" para establecer alguna justicia poética para nuestro pueblo. Por el otro lado la mediática, en casi forma exclusiva, solo presentan a los culpables de estos hechos deplorables, para ellos presentarse como las pobres victimas, de unos hechos que todo el mundo sabe que son los culpables, para venir a darnos sus análisis demagógicos de cómo ellos, los más ineptos e incompetentes y corruptos, lo van a resolver; ¡Que dios nos coja bautizados!", porque los americanos que se han demostrados y sin escrúpulos éticos hacia Puerto Rico y los lacayos dóciles y débiles de la colonia, nos van a llevar al mismo infierno.

Para concluir esta sección, no quisiera dejar de comentar sobre otras influencias provenientes de diferentes sectores, "grupos o campos" de interés, con diversas convicciones ideológicas que han contribuido a la perpetuación y evolución de la "Divina Trinidad" de las burguesías nacionales.

A través de Latinoamérica, siempre se ha comentado que para un poder político mantener sus hegemonías de poder, había que mantener al pueblo; dividido e ignorante. Antes de continuar quisiera hacer el señalamiento, que cuando se dice que un hombre es ignorante, no se quiere decir que ese hombre es idiota, estúpido, morón o bruto; sino que se refiere a un hombre que no se ha educado adecuadamente para conocer y reconocer ciertas realidades, de naturalezas históricas, sociales, humanísticas y científicas, donde el mismo pudiese hacer una analítica objetiva, aunque sea subjetivada a su propia realidad, al cual lo podría llevar a la liberación de su propio cuerpo, en sus relaciones dentro de una comunidad colectiva. El hombre teóricamente siempre permanecerá parcialmente ignorante, ya que el conocimiento al no ser estático, siempre evoluciona y crece manteniendo el afán por educarse siempre eterno, por tanto el hombre eternamente buscara el conocimiento, para de una manera, no necesariamente dejar de ser ignorantes, pero menos ignorantes, al final creando un dicotomía que establecerá oposiciones que nos dirá; entre menos ignorante es el individuo, posiblemente más sabiduría generara.

Traigo esto a colación de cómo a mí, como también a René Márquez y otros eruditos intelectuales y pedagogos se mantiene una gran preocupación por la educación pública en Puerto Rico. Recientemente (2016), el Gobernador de Puerto Rico, Alejandro García Padilla, en su continua demagogia politiquera, nos señalaba con un gran orgullo y alegría, que de las diez notas más altas en el examen de entrada para las universidades, seis eran proveniente de las escuelas públicas del país. Lo que el Gobernador en su retorica demagógica dejo de mencionar, era que el 80% de nuestros estudiantes provienen de dichas escuelas públicas y por tanto, aquel 20% que provienen de las escuelas privadas, estadísticamente han sido más exitosas en sus labores educacionales que aquellas en las escuelas públicas. O sea, de cada 10 escuelas, ocho son públicas y solamente dos son privadas, entonces que de las 2 escuelas privadas, obtengan 4 de las notas más altas, comparado con 6 de las ocho escuelas públicas, no es nada para estar alabándose, sino que deberían estar abochornados, de su pésima actuación pedagógica.

Hoy la comercialización laboral de la educación y sus gremios, han llevado a ciertos sectores de nuestra población laboral proletaria a visualizar a las carreras en pedagogía como una profesión, en donde la antigua creencia de la nobleza ética y moral del magisterio hacia la colectividad estudiantil, se haya convertido en una "profesión" socio/económico individualista, para poder garantizar sus afluencias dentro del consumismo capitalista que los atropella.

> "...puesto que la profesión de maestro padece de agudo descrédito en nuestro medio sin que ello sea óbice para que el vapuleado Colegio de Pedagogía mantenga una de las matrículas más altas que se registran en nuestro primer centro docente. Todos sabemos,' sin necesidad de *research,* que la inmensa mayoría del estudiantado puertorriqueño no se acerca hoy a la Universidad en actitud vocacional y creadora, sino meramente pasiva, como a una máquina automática que le facilitará en determinado período, preferiblemente corto, el cheque mensual para amamantar *ad infinitum* las dos embrollas clásicas de nuestro paria moderno: el auto y la casa FHA." (Márquez, 1961: 63)

En mi experiencia como educador universitario, continuamente me daba cuenta de lo poco o escasos conocimientos que los estudiantes, especialmente de las escuelas públicas, al cual no solamente, carecían en la recolección y retención de la data educativa, pero mayor aun, era aquella problemática, de su poca capacidad analítica para comprender la poca data retenida. A mí me parece inconcebible, que estudiantes al cual se le enseña el idioma inglés por doce años, ni siquiera saben decir; "my dumb english teacher, didn't understand english at all". Si eso fuese pecaminoso, estos mismos estudiantes no saben ni siquiera hablar o escribir prescriptivamente en español correctamente. A mí no me parece raro, que la mayoría no sientan deseos o interés por la lectura, ya que los mismos estudiantes de pedagogía (futuros maestros) que tomaban clases conmigo, resentían o omitían leer cualquier lectura que pasara de más de cuatro páginas, por tanto como ha de esperarse que los estudiantes lean, si los mismos maestros tampoco leen.

> "Con semejante actitud, al estudiante "promedio" -que por serlo tanto merece ser, y es, la mayoría- le importa un perfecto bledo en qué colegio ingresa siempre que el costo de la carrera -y es en efecto y de modo literal una *carrera*- esté al alcance de su bolsillo. El espectáculo de esta masa universitaria inerte, sin vocación auténtica, ideales, orientación definida o criterios propios no puede menos que hacernos pensar enfadosa coincidencia en la condición tan mentada: docilidad."
> (Márquez, 1961: 63)

Yo no quisiese llegar aquí a discutir detenidamente las posturas obrero/patronales que han llevado a los, partidos políticos, sindicatos y uniones obreras a perpetuar la disfunción pedagógica educativa nacional pública, ya que dicha situación es extremadamente compleja. Pero queda muy claro, que dichas instituciones, cuando en la mayoría de las ocasiones defendiendo los derechos de los maestros, muchos de ellos, reconocidas "batatas", como la experiencia estadística nos muestran, que para colmo, rehúsan ser evaluados, basándose en sospechosas argumentaciones retoricas de naturaleza filosófica pedagógicas, para continuar sus prácticas fatulas que solo sirven sus intereses individuales consumistas deshonestas.

Lo peor de toda esta situación es que de maneras conscientes o inconscientes, atropellan y condenan aquellas identidades "subalternas", al cual sus voces son silenciadas, o sea, a los mismos estudiantes, mayormente pobres y marginados, a una cadena perpetua, de ignorancia, debilidad, de una identidad distorsionada, y sobre todo una docilidad para confrontar sus propios futuros. Por eso, cuando escucho aquellas voces demagógicas, que nos dicen cuando se atropellan sus derechos individuales, omitiendo aquellos de las masas marginadas, al cual posiblemente ellos también pertenecen y al cual ellos mismos atropellan, cuando reclaman hipócritamente; "nosotros somos los que les enseñamos a sus hijos", al cual yo quisiera contestarles; "por dios, no me sigas haciendo favores", "ya que con amigos como tú, no necesito mas enemigos".

Capítulo VII

La Problemática Crisis Económica Después de 1990

Leyendo el libro del distinguido profesor, Eliezer Curet Cuevas; "Economía Política de Puerto Rico: 1950 a 2000", es todavía el momento que tengo que decirles en primera persona, y que me disculpen, pero es que todavía me causa un gran humor negro, que el profesor le haya dedicado un capitulo propio y naturalmente; extenso o "huge" (humor jibaro), a una personalidad política que intentare describir con una dificultad objetivada, aquella del gobernador de Puerto Rico representando al Partido Nuevo Progresista; el Doctor Pedro Rosello González, que fue gobernador de Puerto Rico desde el 1992 al 2000.

El gobernador Rosello, tenía un "curriculum vitae" impresionante. Era un médico cirujano pediátrico exitoso y educado dentro las altas jerarquías institucionales educativas intelectuales norteamericanas, pero era quizás también está misma educación metodológica que contenía, como una contradicción, una educación de orientación practica dirigido al individualismo "weberiano" dentro del sector privado capitalista, al cual aparentaba ser una contradictoria de aquella de la realidad política de Puerto Rico, que consistía de una orientación colectiva publica, que llevo al mismo fundador del Partido Nuevo Progresista y ex gobernador de Puerto Rico, Luis A. Ferre a comentar:

> "Posiblemente el gobernador está acostumbrado a la mesa de operación donde él tiene una responsabilidad muy grande sobre la vida de una persona que está siendo sometido a la intervención. Por lo tanto, todo ser humano tiende a ser muy

estricto, no puede pensar en otra cosa que no sea absoluta rigidez. Todas estas son cuestiones de criterio, que se van aprendiendo con la experiencia." (Nuevo Día, 27 febrero 1994; 8)

Entonces el periodista le cuestiona a Ferré; ¿Es entonces un problema de experiencia política? Y Ferré le responde: "Yo diría que es de experiencia humana". (Nuevo Día, 27 febrero 1994; 8) O sea, si creo entender correctamente, al ex gobernador y fundador del PNP, Luis A. Ferré, Rosello aparentemente carecía de un sentido de humanismo, uno a la cual, es aquel que distingue a la nación puertorriqueña, pero como Rosello, no creía en la existencia de una "nación puertorriqueña", entonces podríamos asumir, que simplemente era uno que actuaba mecánicamente, donde el 'ser humano' (el puertorriqueño), no era el de primordial interés, sino era, aquella de su rígida metodología individualista.

El ex gobernador (Ferré) y figura patriarca del PNP, se le denota en su comentario, que ya visualiza tempranamente una problemática con el carácter personal del gobernador Rosello, como de también de su experiencia política, al cual elude evasivamente de una forma magistral. El mensaje de Ferre era uno con la intención, que fuese entendido dentro de un efecto dualista y bi-direccional, o sea, el mensaje que de una parte, le pide tolerancia al país por la posible conducta 'estricta y rígida' [contrario a "flexible] del primer mandatario, pero también el mensaje era para los miembros de su propio partido, al cual iban a tener un colega ideológico, que podría a llegar a crear una fuerte presencia hegemónica de contradicción en la legislatura, que podría ser extremadamente negativa. Ferré, conocía empíricamente esa realidad, ya que el la "vivió en carne propia", como su propia victoria como gobernador, fue una causa directa de una realidad similar dentro de la administración de Sánchez Vilella, pero a la inversa; con esa misma actitud "caudillista", pero siendo entonces la del ex gobernador Muñoz

Marín, que quiso dominar al poder ejecutivo, desde la presidencia del senado, al cual como veremos más tarde, el mismo Pedro Rosello intento recrear.

Esta realidad política administrativa, llevo al próximo día al periodista, Ismael Fernández a comentar en el periódico El Nuevo Día, "Desde sus comienzos, el Gobernador cometió un error político tremendo al divorciarse del partido sobre cuyo lomo llego a Fortaleza...La cohesión partidista se desintegra: la moral del liderato esta por el piso; la fe, la ideología se han debilitado. Cambiar ese rumbo es responsabilidad de todos, incluyendo a Pedro Rosello." (El Nuevo Día 28 de febrero 1994; 49)

No podíamos decir que los factores directos y exclusivamente económicos eran los que preocupaba a los puertorriqueños, pero una actitud arrogante de un administrador ejecutivo que quería hacer las cosas "a la "cañóna", en donde el cambiaba las "reglas del juego" a su antojo, a la cual se visualizaba ante las masas populares, entrelazadas en su refrán como; "el es como Jalisco, o gana, o empata, pero nunca pierde".

La identidad ideológica del Estado Libre Asociado, que ya estaba visualizando una decadencia intelectual e ideológica y requería en aquel entonces de una renovación urgente, necesaria e indispensable, al cual no se aprovecho en ese momento histórico. Esta preocupación debió haber sido primordial en las administraciones de Hernández Colón, pero no se aprovecho cuando tenían la gobernación de Puerto Rico, para luego perderlo totalmente con las administraciones de Pedro Rosello, que despiadadamente trato de destruirlos y reclamando algo que en el pasado dicho partido político no había comentando por estrategias ideológicas políticas; que el PPD auspiciaba un estado de gobierno colonial. Lo que antes el PNP reclamaba como una falacia, ya que de acuerdo a ellos, los americanos jamás nos estarían sometiendo con un desprecio colonial, ya que este era un honorable experimento de la democracia norteamericana, que nos daría las experiencias necesarias para convertirnos en parte permanente al federalismo de los EEUU. Bajo Rosello, su voz fue clara y desafiante hacia el imperio y reclamaba que, el pueblo y el consenso internacional, despreciaran esta realidad política y que el pueblo puertorriqueño le pedía a gritos la anexión de Puerto Rico con los EEUU.

El PPD, en vez de aprovechar el momento dentro del lapso de poder en el gobierno para reinventarse como ideología política, cayo baja las garras de las manipulaciones políticas de Rosello, para defender una ideología que ya estaba moribunda y que ya dentro de su propio partido se escuchaba disidencias de la área intelectual ideológica, que observaba la inmediata intervención y renovación política ideológica del partido. Los escritos del biógrafo del supuesto "creador" ideológico del Estado Libre Asociado [Luis Muñoz Marin], Juan Manuel García Passalaqua, que desde sus estudios doctorales, ya coqueteaba con las ideas de la "Libre Asociación" o "Soberanía Asociada", como una solución evolutiva ideológica del PPD. Dentro de sus múltiples escritos y expresiones públicas, el insinuaba que dentro de la mentalidad de Muñoz Marin, el posiblemente habría tomado esta opción de estar vivo, ya que el plan iniciar (ELA) era uno evolutivo que contenía varias fases político económicos, al cual inconscientemente Passalaqua nos daba a conocer que Muñoz Marín, si sabía en lo que se había metido. El PPD, que era dirigido por tecnócratas, aparentemente vio las posturas ideológicas del sector intelectual del mismo partido como una extremadamente peligrosa, y que por razones política electorales tendrían efectos nocivos para la colectividad de ese partido, en re-obtener el poder político administrativo de la colonia misma.

Nuevamente la dosis de la docilidad política colonial puertorriqueña se ponía en juego, pero ahora claramente expuestas por los dos partidos mayoritarios coloniales, al cual uno rogaba como un niño limosnero mal criado (PNP), hacia aquellos mismos que los sometía colonialmente por una igualdad política, al cual ellos históricamente (EEUU) nos habían negado, y hasta políticamente engañado, y por otro lado el (PPD) seguía soñando con "pajaritos preñados" pensando que la fórmula política del ELA, era una honrada solución política de parte del imperio, al que caía desastrosamente en decadencia y que dócilmente no querían enfrentar en su posible evolución política ideológica, quizás por dos razones evidentes; primeramente, su aparente conocimiento vergonzoso dentro de las internalidades ideológicas del mismo partido, que el engaño del ELA, se encontraba en una seria crisis política/económica y segundo, un terror inmenso a la admisión a dicha problemática, al cual la renovación y evolución del ELA, los llevaría hacia aquella formula política que históricamente ellos siempre han tratado de destruir y desasociase, o sea, la independencia. Al cual a final de cuentas traería la disolución del PPD y su hegemonía política.

Económicamente, la administración de Pedro Rosello, había heredado una economía en una condición precaria, pero al contrario de las necesidades fiscales nacionales, creó una política económica fallida, orientada a una práctica administrativa irracional y mal planificada. Por ciertas razones que aparentan ser más políticas y personales, Rosello que inicialmente apoyaba la sección 936, al cual era la espina dorsal económica del ELA colonial, fue a Washington a desafiar en su tono tradicional arrogante, a los administradores norteamericanos sobre el tema de la eliminación de la 936, pero que varios años más tarde, cambiaba dramáticamente su postura hacia la misma sección del código del Internal Revenue Service (IRS), ya que lo veía como un impedimento a la anexión con los EEUU, como también la existencia del mantenimiento pragmático político/económico, de la fatula ideología de los autonomistas al poder.

El Gobernador Rosello, como solución a la eliminación de la sección, nos trajo su "gran" solución del reemplazo de la 936, al cual el llamo; "Nuevo Modelo de Desarrollo Económico" (Oficina del Gobernador, Febrero 1994). Al cual, leer este documento era como leer al gran poeta

Cooldridge y su, "Kubla Khan", era algo, más que utópico, era algo fantasmagórico. Su plan era crear un crecimiento económico en Puerto Rico, que fuese más amplio y eficaz que el de la misma economía de los EEUU, que idóneamente era la misma que sostenía la propia economía puertorriqueña. En otras palabras, su plan era de crear una economía diversificada, balanceada y dinámica de competencia global y con una infraestructura más avanzada que la misma norteamericana, sin el incentivo federal que mantenía la propia economía puertorriqueña a flote; a cual uno podría llegar a pensar que el Gobernador Rosello, como Cooldridge, padecía de terribles migrañas.

La problemática más negativa a cual estaba emergida la economía de Puerto Rico, fue el estancamiento del crecimiento real de la economía puertorriqueña, y en donde la administración del Gobernador Rosello resolvió que para salir de esta realidad económica, la solución era una que financiaba una gran cantidad de inversiones de capital y sus gastos de funcionamiento a través del crédito público [como el Choliseo y el Tren Urbano] (El Nuevo Día 7 de diciembre 1996: 93), en otras palabras, esta "nueva economía" se estaba sosteniendo a base de los proyectos que se producían desde el sector público y no del sector privado y que la breve expansión de la economía, se debió principalmente a una inyección de fondos federales mayormente inducidos por perdidas dentro de las infraestructuras públicas y privadas después del huracán Georges (El Nuevo Día 10 diciembre 1999: 154).

Aparte de la falta de una planificación sostenible y racional, también era guiada por una falta de transparencia administrativa. Dicha medida abrió las puertas para una industria que afecto directamente a las Farmacias de la Comunidad, al cual ellos denuncian que con tales medidas, la administración indiscriminadamente otorgaba permisos que directamente causo la expansión desmedida de farmacias en cadenas norteamericanas [de 93 en 1995, a 128 en el 2000] afectando directamente a las farmacias de la Comunidad (El Nuevo Día 9 febrero

2002: 108). Estos cambios económicos administrativos trajeron también a su paso, cambios culturales en la percepción de los servicios en área de salud, donde el puertorriqueño visualizaba a las farmacias nativas puertorriqueñas con cierta confianza y empatía, al cual las farmacias en cadena carecían o se percibía con una falta emocional moral y ética, tan preocupante para el consumidor puertorriqueño en la compra de medicamentos para su salud.

Por otra parte, se denota una preocupación de la cultura política económica cultural colonial puertorriqueña, donde las administraciones gubernamentales en su mayoría, pero particularmente aquellas del anexionismo, que visualiza el potencial empresarial puertorriqueño, como una de capital extranjero foráneo dentro de su propio espacio territorial, dando privilegios a los verdaderamente extranjeros, sobre el capital nacional puertorriqueño. La privatización en Puerto Rico durante el periodo del Gobernador Rosello detecto dicha actitud. Uno podría tener discusiones eternas sobre la privatización del capital en sociedades capitalistas, ya que queda claro, que en naciones estados que pretenden ideologías de naturaleza capitalista, la privatización del capital es una medida saludable, [hasta la China comunista está confrontando dicha problemática] siempre y cuando, que dichos procesos se hagan de una forma planificada y articulada dirigida al bienestar de la ciudadanía en general, pero que durante el gobierno de Rosello, "una vez en poder, su administración procedió a una serie de privatizaciones en forma caótica, desarticulada y sin planificación previa que ocasionaron más daño que bien…al cual no se formulo un plan de ejecución que determinase cuales propiedades serían privatizadas y un orden de prioridades" (Curet Cuevas, 2003: 167). Las ventas de las navieras, los hoteles nacionales y la telefónica fueron ejemplo de tales ejecutorias al cual no se tomaron en consideración o el consenso de los intereses particulares de la nación puertorriqueña.

Al final, lo que se vio fue que la economía de Puerto Rico, se iría a convirtiendo en una *"economía de consumo"* [énfasis], donde las mega tiendas norteamericanas invadían a la isla, sacando de competencia y llevando a las industrias y comercios nacionales a las quiebras, en donde las ganancias generadas en Puerto Rico regresaban a los EEUU, evitando el desarrollo y progreso comercial interno, que eventualmente vería la explotación de los obreros puertorriqueños con las tácticas anti-obreras de dicha industria y a su vez aumentando la deuda pública y la dependencia de fondos federales, llevándonos al control absoluto del imperio, que ahora se podía dar el lujo de controlar sin presiones, los dictamines político/económicos dóciles de los administradores de la colonia.

Lo más extraordinario de este proceso, fue la poca transparencia publica a la cual se ejecutaron dichas ventas en donde los negociadores del gobierno se abstuvieron o se negaron a informar a la legislatura puertorriqueña de los aspectos más importantes y pertinentes de dichas negociaciones, reclamando confidencialidad entre el gobierno y los posibles compradores, o sea con una actitud paternalistas del parte del gobierno hacia el pueblo que lo había elegido para ejercer negociaciones de carácter ineptas y corruptas.

Durante este proceso el Presidente de la Compañía de Turismo de Puerto Rico, Luis Fortuno, devaluó el costo de los hoteles nacionales de 204 millones a 74 millones, antes de que las misma negociaciones se iniciaran y que la misma firma que evaluó los hoteles fue un bufete de abogados, al cual el mismo Fortuño perteneció antes de ser presidente de dicha agencia, al cual era claramente un conflicto de intereses, que al final, los intereses del país quedo afectado negativamente. Esta tendencia administrativa fue la misma que se le denota históricamente en la conducta ética política de Fortuño a través de toda su carrera política, llevándonos a pensar, que un pueblo que no recuerda su historia está destinado a repetirla.

Como hemos visto, con los hoteles nacionales, había una desesperación de reducir la deuda pública que ya se venía acumulando desde la administración de Hernández Colón y que la administración de Rosello vio como solución desde su "nueva economía" a privatizar a precios de "pulgueros" las compañías nacionales. La posición del crédito puertorriqueño había quedado en deterioro que provoco:

1. La reducción de la clasificación de bonos
2. El aumento en los costos de intereses de dichos bonos
3. La reducción en la demanda de los bonos de Puerto Rico
4. La imposición de limitaciones por los bonistas a las emisiones de deuda del ELA (Comisión de Reorganización de la rama ejecutiva, Estudio de Operaciones y Situación Económica de Corporaciones Públicas (San Juan: La Comisión, 1979) vol. XV: 97)

Esta situación provoco que la deuda pública durante la administración de Rosello, aumentara de $13,822 millones en 1992 a $23,822 millones para el 2000, desde el 1993 al 1998 la deuda pública había incrementado a un 57%; (San Juan: La Comisión, 1979) vol. XV: 97) o sea, el aumento más dramático en la historia de la deuda pública de Puerto Rico y que para el 2012, al cual el PPD asume control de la colonia, con sus distintivas falsas promesas, y a sabiendas que la crisis económica ya era insoportable, llevándonos, a lo que hoy conocemos como la, "Junta de Control Fiscal Federal" (2016) al cual el mismo Rosello ha negado su implicación directa, "lavándose las manos como Pilato", como históricamente han hecho ambos partidos coloniales, en sus ínfulas de grandeza individuales, con una gran dosis de docilidad ideológicas al cual distinguen sus colectividades político partidistas.

Desde el año 2000, Puerto Rico por primera vez en su relación colonial con los EEUU comenzó paulatinamente a perder población de acuerdo al departamento del censo demográfico de EEUU. Esta población ha comenzado un éxodo masivo hacia los EEUU en búsqueda de empleos decentes que no pueden encontrar en la isla. Dicha población está concentrada en la clase obrera puertorriqueña; mayormente entre las edades de 18 a 35 años. Después de la desaparición de la IRS sección 936, Puerto Rico ha comenzado a cambiar de una economía de manufactura de bienes tecnológicos y farmacológicos a una economía de consumo, dominado por las "mega-tiendas". Por los últimos años, 2010 al 2014, sorprendentemente el nivel de recesión, nos dice el Departamento de Trabajo y Recursos Humanos, no ha incrementado de un aproximadamente 14.8% (¡al cual es por sí, altísimo!). Aparentemente el Departamento de Trabajo y Recursos Humanos no ha considerado en su ecuación el éxodo demográfico para su aparente mal infundido optimismo. Aparte si consideramos que los números al cual se mide la recesión son aquellos provistos por el mismo Departamento, relacionado con las personas que vienen a sus oficinas buscando trabajo, a mí personalmente no me impresiona, ya que todo el mundo en Puerto Rico sabe que si estas buscando trabajo, el último sitio que lo vas a buscar, es precisamente en el mismo Departamento de Trabajo. Aparte, si uno mira a la cantidad de personas y familias en el "PAN" (cupones de alimento) y los de más de un millón de personas en el "Plan de Salud" pública, uno comienza a pensar si los números han sido manipulados políticamente, como ya todos estamos acostumbrados.

Este fenómeno previsto por muchos intelectuales puertorriqueños de una economía y una ideología política en crisis, llevo después de la gobernación de Pedro Rosello Gonzalez, a las participaciones de parte del pueblo en los procesos electorales, de castigar a los partidos políticos cada cuatrienio por sus ineptitudes y actuaciones de corrupción rampante. Lo que los partidos políticos demagógicamente interpretaban a través de sus aparatos difusivos informativos como dicha actitud política del pueblo que no necesariamente respondía o castigaba a su partido en particular, pero que estaban castigando al otro, de sus propias incompetencias.

Después de la gobernación de Rosello, no habido ningún gobernador que ha logrado ganar o postularse para un segundo término (Sila María Calderón, 2000; Aníbal Acevedo Vila, 2004; Luis Fortuño, 2008; y

Alejandro García Padilla, 2012). Para empeorar los reclamos de un pueblo que obviamente se ve disgustada con estos partidos coloniales, pero como "para echarle sal a la llaga" estos partidos políticos utilizaban estos cuatrienios en poder, para satisfacer sus beneficios personales y no de aquellos del pueblo que continuaba sufriendo de sus ineptitudes, así articulando quizás sus conocimientos de las condiciones precarias que se encontraba la economía de sus gobiernos coloniales y la falta de su ética socio/política hacia aquellos que los elegía.

Para el colmo de la desfachatez de estos partidos políticos, en el 2004 el Partido Nuevo Progresistas gana las elecciones (la Cámara de Representantes, el Senado y el Comisionado Residente) solo perdiendo la candidatura a la gobernación (Pedro Rosello), a favor del candidato del Partido Popular Democrático; Aníbal Acevedo Vila. Lo más descarado de dicha desfachatez fue que el único PNP que perdió, fue precisamente el ex – gobernador, Pedro Rosello, que obviamente gozo del repudio del electorado puertorriqueño, quiso apoderarse de gobierno, "comprando" el escaño del senador electo por el distrito de Arecibo, para luego querer apoderarse de la Presidencia del Senado, al cual un grupo de PNP's (los intocables), compuestos por Kenneth McKlintock, Orlando Pargo, Lucy Arce y el ex – convicto político, Jorge de Castro Font se lo impidieron, haciendo que Pedro Rosello Gonzalez en su disgusto arrogante que lo caracterizaba, brillara por su ausencia en el Senado, por dicho cuatrienio.

Pero si uno creyese que ese fue el mal de los males, los intentos de Aníbal Acevedo Vila de gobernar dentro de un gobierno compartido fue simplemente imposible, ya que cualquier legislación positiva que se pudiese hacer, los PNP hacían todo lo posible para derrotar dichas propuestas, no solo castigando a Acevedo Vila, pero al pueblo entero, sin la más mínima intención de una ética socio/económica hacia un pueblo, a ese mismo pueblo que los había elegido y con todo el conocimiento que ya la economía iba cuesta abajo, obviamente costándole las elecciones a Acevedo Vila y el Partido Popular

Demócrata y convirtiendo el discurso político colonial, en uno que existía para la corrupción y ineptitud del partidismo político colonial, tanto anexionista, como autonomista.

Las administraciones de Luis Fortuño en 2008 y Alejandro García Padilla en 2012, fueron simplemente, más de lo mismo, llegando a la desastrosa decisión del Congreso de EEU a imponer la "Junta de Control Fiscal Federal" por las consecuencias de un gobierno incompetente y inepto ante una quiebra económica, al cual no puede pagar sus deudas exteriores (bonistas) y apenas tiene para pagar sus deudas internas como, el retiro de sus empleados públicos y el servicio de salud pública nacional.

Lo más dramático de dicha situación ha sido las posturas de los administradores de la colonia y el consenso, propagación y continua divulgación de la mediática nacional ante las posturas iniciales del pueblo puertorriqueño hacia dicha "Junta". Se ha intentado propagar políticamente, que la opinión del pueblo a favor de dicha "Junta" fue basada en una crasa ignorancia política/económica del pueblo puertorriqueño de dicha imposición colonial y que a su vez ha intentado re-analizar dicho clamor para justificar la demagogia política de los causantes de la misma. El clamor del pueblo hacia la "Junta", no era una dirigida a la imposición colonial de dicha "Junta", al cual el pueblo puertorriqueño conoce ser indignante, sino que era dirigida directamente hacia la clase política puertorriqueña, tanto "rojos" como "azules", por la ineptitud y corrupción de dichos partidos, que han llevado a Puerto Rico a la banca rota y a la falta de esperanza de poder hacer cambios positivos en el futuro.

So ahora lo que vemos, es una indignación de una clase política nacional hacia tal imposición colonial, intentando de alejarse del "mea culpa" que los causo. Ahora quieren ser ellos mismos, los causantes de los problemas de la ineptitud y corrupción, los que nos quieren dar las soluciones a nuestros problemas, al cual nunca han sabido administrar;

155

eso es como poner a las "cabras a cuidar de las lechugas". En la prensa política televisiva nacional continuamente vemos a los mismos; "rojos" y "azules", utilizando sus viejas e indignantes estrategias de sus discursos retóricos políticos coloniales, para escucharlos atacándose unos a los otros diciéndose; "yo soy pillo, pero tú eres más pillo que yo", "nosotros hemos sido ineptos, pero ustedes son mas ineptos", "nosotros hemos sido corruptos, pero ustedes son más corruptos", dando claramente a entender que ambos han sido pillos, ineptos y corruptos; aunque desde su punto de vista, ellos son las víctimas del atropello de un imperio que siempre sospecharon que eran; pillos, ineptos y corruptos y por tanto han sido colonia sin que el en futuro, el imperio les pueda dar alguna solución anexionante, especialmente a la docilidad atrevida de estos administradores coloniales.

Y si eso fuese poco, ahora los anexionistas del PNP, tienen la cara "como si se las hubieran lavado con fregao" a ir a demandarles [énfasis] a los norteamericanos, o sea, "los pájaros tirándole a las escopetas", que se le conceda la estadidad (expresando una extrema docilidad), porque la culpa de todo no ha sido sus malísimas administraciones coloniales [más énfasis], pero ha sido a causa de la mentira o embuste que les han metido al pueblo sobre el ELA, y al cual ellos están sumamente indignados, especialmente porque ellos son ciudadanos americanos [muchísimo más énfasis], aunque sean también del origen de otro embuste mas, al cual ellos conocen a plenitud. Aquí no se sabe quién es más ignorante, si los partidos políticos coloniales, que se auto denominan y se acusan de; pillos, ineptos y corruptos o del pueblo que ha estado, esta y continuara sufriendo de sus abusos como "masoquistas" resignados. Es difícil escoger, especialmente, que después de las primarias PNP, cuando se haya escogido a Ricardo Rosello como candidato a la gobernación de dicho partido, al menos, de acuerdo al "sadismo" (PNP), el pueblo, en dicha situación, no ha sido ignorante en su selección, pero si, masoquistamente sabios.

No quiero ser injusto con el Dr. Ricardo Rosello, ya que de acuerdo con la misma oposición dentro de su partido, como también del PPD, que dicen que lo único que tiene a su favor es el apellido de su padre, que al final no es una cosa para alagarse tanto. Yo me pregunto como otros, que es esa milagrosa inteligencia política económica que tiene el Dr. Rosello Jr. Sin dudas hay que darle crédito por haber logrado un doctorado en "células madres", me supongo en biología, de la distinguida Universidad de Michigan, pero biología no es lo mismo que ciencias políticas, economía, administración pública, como tampoco el tiene ninguna experiencia gubernamental. ¿A caso el fue contratado para enseñar después de su graduación a Harvard, Princeton, Yale, MIT, Stanford, o en el mismo Michigan? ¿Ha escrito algún libro que haya abierto laberintos académicos intelectuales en su profesión? ¿Ha ganado un Premio Nobel y algún otro premio distinguido en su profesión? La respuesta es sencilla; NO, NO, NO. ¿Entonces de que estamos hablando sobre el "niño maravilla"? Simplemente, el apellido del "mesías".

¡Ah!, pero cuidado, será que Rosello padre, esté listo para aparecer después de una pequeña estadía de ausencia forzada. Quizás ahora vuelva con su flamante doctorado en educación, de la misma institución académica que le construyo su museíto (¿coincidencia no?), para quizás ser nuestro próximo Secretario de Educación y promover el hecho, de que no somos una nación, a través del competente Departamento de Educación y sus extraordinarias escuelas públicas, extendiendo nuestra docilidad, a niveles nunca jamás vistos. ¿Por qué será, que en el campo dicen, que la yerba mala, nunca muere?

Capítulo VIII

La Crisis de la "Divina Trinidad"

De la tres vertientes de la "divina trinidad" de los origines burgueses criollos nacionales, la identidad nacional es aquella que todavía se discute intensamente en los círculos académicos, por parte de los intelectuales puertorriqueños en la isla, tanto como en los EEUU. Lo que pasa es que la identidad nacional, analizada por sí sola, muestra continuamente irregularidades e incongruencias, que nos hacen difíciles el análisis, sin que nos obligue a también considerar el entrelace con sus otros dos componentes, muchas veces obviados; la docilidad y el discurso político colonial. Como trinidad que es, la docilidad, la identidad nacional y el discurso político colonial, son simplemente, tres elementos que necesariamente hay que unificar, para describir claramente una realidad dialéctica cultural existente y que de otra manera se convierte en un espejismo que pierde claridad objetiva cuando se divide y que solamente deja importantes preguntas y cuestiones sin contestar en sus componentes particulares.

Hace unos años atrás, enseñando algunos cursos en ciencias sociales, en una universidad cerca de mi pueblo de Caguas, trataba de hacer las distinciones entre los conceptos político/culturales de; "estado" y nación. La pregunta inicial que les proponía a los estudiantes puertorriqueños era que me contestaran de porque ellos eran puertorriqueños, o sea, ¿Qué los hacía ser puertorriqueños? Las contestaciones eran casi siempre unánimes en esa sección del curso, como en todas las secciones del mismo curso durante ese semestre, y año tras año. Para ellos la contestación de su identidad nacional no era una de índole social, cultural o ni siquiera política, pero una estrictamente geográfica, o sea, que eran puertorriqueños por el solo hecho que habían nacido en Puerto Rico. Yo curiosamente comencé hacer la misma pregunta en mi barrio, como en todas partes que me podría encontrar, tanto en las zonas urbanas como en las zonas rurales, en diferentes municipios, variedad de personas y géneros y la verdad era que no me sorprendía al saber, que la contestación siempre era la misma, o sea, que la mayoría de los puertorriqueños conscientes o inconscientes, no tienen la mas mínima idea de porque son puertorriqueños, aparte del hecho de que nacieron en Puerto Rico, al cual sin duda alguna tiene muchísima importancia, pero a la misma vez, no es una determinación absoluta de nuestra puertorriqueñidad.

Cuando les preguntaba a mis estudiantes sobre individuos que se consideraban puertorriqueños, pero no habían nacido en Puerto Rico, me contestaban que esos no eran 100% puertorriqueños, pero eran "los de allá", o sea, mayormente los nacidos en los EEUU, son más americanos que puertorriqueños. Cuando les preguntaba, cual era la diferencia, curiosamente me contestaban como si esos puertorriqueños eran puertorriqueños de "segunda clase" y no como ellos que eran "puros", por el solo hecho de haber nacido en la isla, como si ellos curiosamente hubieron sido influenciados directamente por el positivismo determinista geográfico alemán Ratzeliano.

Yo les comentaba a mis estudiantes, que había que tener una "cara dura", para ir a la ciudad de Nueva York durante el "Puerto Rican National Parade", mejor conocida dentro del anglicismo lingüístico como; "la Parada Puertorriqueña", donde existe el despliega más grande de banderas puertorriqueñas, aparte de ser la actividad de identidad nacional más grande de puertorriqueños en el mundo, incluyendo la misma isla de Puerto Rico e ir a decir que esos no son puertorriqueños de a verdad. Inclusive, yo les decía que cuando uno va al pueblo (cascos urbanos) uno podía ver camisetas (T-shirts) de Puerto Rico a precios bien baratos y nadie las compraba, solamente los puertorriqueños que venían de los EEUU o el exterior o cuando un familiar se las llevaban a sus familiares en el extranjero, usualmente por que se las pedían. Yo no sé porque precisamente no compraban estas camisetas, si era porque las consideraban ser de baratillo y se abochornaba de ello o porque su nacionalismo tenía ciertos límites y quizás sentían una presión exterior internalizada de usarlas. Es siempre curioso en Puerto Rico, a veces ver irónicamente por ejemplo, a un puertorriqueño proveniente de la ciudad de Chicago, EEUU, con una camiseta y gorra con temas puertorriqueñas (baratas) y hablando en inglés y alegando ser independentista y otro puertorriqueño, por ejemplo, pero no necesariamente, de algún residencial público, con una camiseta de los Chicago Bulls (carísima), hablando en español y diciéndole al puertorriqueño con la camiseta y gorra de Puerto Rico que hable en español, ya que esta en Puerto Rico, alegando su puertorriqueñidad "pura", mientras este se encuentra argumentando con el puertorriqueño de Chicago, que él es estadista y que si Puerto Rico se vuelve independiente nos convertiríamos en una republica Cuba o Haití. Curiosamente, el profesor Juan Manuel Carrion, haciendo unos señalamientos sobre la poetiza e hija del ex gobernador, Luis A. Ferré; Rosario Ferré, nos da luz de las tendencias políticas de los puertorriqueños en EEUU, cuando dice;

> "Sin embargo, considera que en un plebiscito no se le debe dar el derecho al voto a los puertorriqueños que viven en EEUU, porque muchos de ellos votarían por la independencia. Ellos que más cerca están del "otro", no serían tan John Wayne como ella." (Carrión, 1999: 90)

No podríamos dudar de que exista una identidad nacional puertorriqueña, pero también se denota que hay una problemática disfuncional de naturaleza colonial con nuestra identidad, es quizás por ello que hay una tendencia de aparentemente confundir por ejemplo; identidad nacional y ciudadanía. Porque digo esto, bueno usualmente uno trataría la definición de identidad nacional asociadas directamente con realidades culturales como por ejemplo; lenguaje, valores éticos/morales, tradiciones, creencias y ciertos símbolos. Mientras que por otro lado cuando hablamos de ciudadanía, usualmente pensemos

161

asociarlas con procesos políticos asociados con individuos nacidos en ciertos espacios geográficos específicos (estado), como por ejemplo, si naciste en Francia, eres francés o si naciste en Alemania, eres alemán, aunque naturalmente sabemos que hay otras formas de obtener una ciudadanía de algún país en particular y que la persona que tiene una ciudadanía, no necesariamente estén asociadas con la identidad cultural nacional del "estado" que le concede o impone dicha ciudadanía.

Algunos teóricos sociales recientemente dirían que este problema de la identidad nacional en si es una muy confusa, no específicamente por su condición colonial, pero debido a los procesos de la globalización de las últimas etapas del capitalismo moderno, en donde reclaman que los sentidos de una identidad nacional son abstrusos y no bien definidos. La verdad es que día a día, vemos todo lo contrario. Desde la caída de la Unión Soviética, habido más territorios reclamando sus independencias políticas, por razones específicamente, de algunas identidades nacionales distintivas. Vimos los problemas de violencias irracionales (religiosos/étnicos) que se han producido en los Balcanes, antigua Yugoslavia, ante los intentos de definiciones para convertirse en estados/nacionales de parte de los Serbios, Bosnia y Croacia. Hemos visto problemas entre rusos y ucranios en Crimea, como diferentes nacionalidades reclaman ciertos territorios como suyos. Hemos visto como el Reino Unido se separa de la Unión Europea, por los mismos sentimientos nacionalistas y como Escocia, reconsidera entonces separarse del Reino Unido. Como también vemos en España como cada día Catalunya y la nación Vasca, intentan separarse y convertirse en nuevos naciones/estados. Es por tanto que Juan Manuel Carrión comentando las ideas teóricas de Anthony Smith. "The Ethnic Origins of Nations" (1986) nos comenta;

> En el contexto actual, la cultura global no puede ser realmente cosmopolita sin ser imperialista y es por lo tanto un orden cultural continuamente resistido.

> Para Smith, no todo se "disuelve en el aire"; la etnicidad y la religión se han resistido a asimilarse al *ethos* secular y universalista de la modernidad. La llamada "globalización" no disminuye la importancia de lo étnico. Las identidades étnicas surgen en los bordes de la interacción social y la intensificación de los contactos entre distintos grupos no disminuye la importancia de la construcción de los bordes; más bien la hace más importante." (Carrión, 1999: 75)

Lo que hay de uniforme, similar, homogéneo, entre las situaciones antes mencionadas es que existen ideas muy claras y concisas de lo que se define como un "estado" y como también es una "identidad nacional". En el caso de Puerto Rico, estos conceptos son confusos, ambiguos y difusos entre los puertorriqueños, en donde en una nación, al cual curiosamente existe una ciudadanía legal (Puertorriqueña), y al cual la mayoría del pueblo desconoce por diversas razones, ya que de una forma u otra se le ha ocultado su difusión al pueblo o que intencionalmente se ha penalizado su uso local (Puerto Rico) e internacionalmente. Como es posible que después de la imposición de la ciudadanía americana y históricamente sabemos dentro de una ética política internacional o falta de, de que si fue impuesta a través del Acta o Ley Jones de 1917, haciendo la ciudadanía puertorriquena casi obsoleta y socio/económica y psico/política imposible de gestar. Lo irónico de todo este proceso es que como un individuo que nace en un espacio geográfico en particular y que tiene internacionalmente dentro de la legalidad una ciudadanía propia, que se le otorgue sin cuestionar al individuo una ciudadanía extranjera. Otra muestra de la docilidad colonial impuesta por el imperio y aprobada por las administraciones coloniales.

Cuando digo que curiosamente tenemos una ciudadanía puertorriquena, lo digo porque Puerto Rico no es un "Estado" soberano y con poderes legales para tomar sus decisiones insulares o internacionales sin cuestionamientos del imperio, inclusive ni siquiera tenemos, dignamente hablando, de lo que se podría catalogar como un "pasaporte" oficial de ciudadanía para viajar al extranjero, sino que se les concede un documento (un papel) de parte del mismo gobierno colonial, diciendo que eres ciudadano puertorriqueño, aunque irónicamente no aclara que tu ciudadanía puertorriqueña no vale nada, ni siquiera en el espacio geográfico en que se te concedió o dentro del mismo gobierno colonial que la emitió. Dando clara evidencia de la docilidad de los administradores coloniales a través de su intocable discurso ideológico colonial, que sin saberlo o se hacen los tontos (no dudo de su ineptitud), no se dan cuenta que también ha sido una ideología impuesta, a través de maquinaciones de las funestas estrategias hechas particularmente con los fundadores y lideres de su propio partido (PPD) y el imperio que las manipulo para imponerlas, basándose en sus conveniencias políticas y económicas, algo típico de los imperios. Es aquí donde se entrelazan las figuras míticas de Luis Muñoz Marin, Rexford Tugwell (Operation Bootstrap) y las presiones anticoloniales de las Naciones Unidas, o sea, el plan maestro universal del Estado Libre Asociado, a lo "puertorican style".

Una problemática de la colonia, al cual los anexionistas nos quieren pintar como "pajaritos en el aire", de la alegada ciudadanía americana, que ignorantemente no quieren admitir, demostrando su clara docilidad, al cual se nos impuso psicológica y legalmente, y que dicha imposición se le vendió como algo de inmenso valor internacional, sin poder comprender que existe una ciudadanía puertorriquena, no por coincidencia, ya que cuando el Congreso norteamericano le dé la gana de quitarnos la que nos impuso, al cual constitucional pueden hacer en cualquier momento, nos deja con una que siempre ha existido; o sea la nuestra, al cual ellos odian, específicamente sus líderes burgueses y pequeño burgueses, porque describe aquellos complejos de inferioridad política/económica al cual esconden y que niegan a toda costa a través de sus discursos retóricos de una esencia dentro de aquel individuo colonizado, al cual no puede o se le hace imposible salir de su negación, especialmente cuando confronta las antagonizaciones y polarizaciones de entrelazar los bordes sociales entre lo puertorriqueño y lo norteamericano. De los "agentes" colonizados, estos son los que más van a sufrir si el Imperio no les concede sus deseos, ya que no tendrán a donde ir (a menos que sea EEUU, si no les quitan la ciudadanía) y tendría que aguantar los insultos y las siempre sospechas del resto de la ciudadanía, de pensar que en cualquier momento podrían vender su propia patria a otro estado/nación por un mísero plato de comida (mantengo), que ellos no se atrevieron a cultivar por esfuerzo patriótico y que históricamente han demostrado ser su ideología, desde los "incondicionales" de la época de la colonización Española y ahora con su nuevo amo colonial, los Estados Unidos de América y mañana quien sabe, si querían ser hasta "Chinos".

Inclusive esta burguesía y pequeña burguesía, posiblemente enajenada de contener una identidad cultural o acomplejada de ser identificado con ella, quizás sufrirá o posiblemente le importe un bledo, ya que sus aspiraciones capitalistas y de poder, al unirse al imperio carecen de sentimientos culturales nacionales, ya que aparentan ser más bien guiados por intenciones de clase social económica y sus prestigios políticos, que otras supuestas banalidades psico/sociales y culturales, al cual a ellos no les interesa, por eso ellos pueden ser católicos y protestantes a la misma vez, como demócrata o republicano, como también negar categóricamente la existencia de la nación puertorriqueña como aparento ser y expresar el ex gobernador, Pedro Rosello. Pero al pueblo proletario, quizás esta ideología política de un individualismo despojado de sentimientos colectivos culturales nacionales, no se les dará igual dentro de sus presagios y conjeturas de una falsificada estadidad jibara (cultural), sometida a una estrategia política/económica de una dependencia económica que ha sido elaborada dentro los sentimientos y persuasiones de la docilidad burguesa criolla nacional, ya que a través del anexionismo verán sus identidades antagonizadas al cual no solamente han sido influenciadas de maneras situacionales, pero a la vez dentro de una difusión socialmente penetrante. (Smith, 1986)

> ...desde el punto de vista de minorías étnicas, el nacionalismo cívico no es tan tolerante como se pinta porque el precio de la ciudadanía y sus beneficios exige la privatización de las identidades étnicas definidas como foráneas y la marginalización y subsumisión de la herencia cultural de las minorías étnicas. (Carrión, 1999: 72)

Con razón, mis estudiantes y el pueblo en general tiene problemas en comprender la esencia de su identidad nacional. Jugando al "abogado del diablo" les comentaba a mis estudiantes, que aparentemente y de acuerdo a ellos, el factor común que nos unía a los "puertorriqueños de allá" era la ciudadanía americana, ya que primero, no habían nacido en Puerto Rico, y segundo, que sus realidades culturales y las nuestras eran cuestionables. Cuando les decía que si de verdad quisiéramos distinguirnos más aun, de los "puertorriqueños de allá", nosotros podíamos obtener nuestra propia existente ciudadanía puertorriqueña, al cual solamente podría ser obtenida por todo aquel puertorriqueño nacido en la isla de Puerto Rico, aunque naturalmente habría que renunciar a la ciudadanía americana, pero así seríamos definitivamente y sin confusión alguna, los únicos y verdaderos 100% puertorriqueños, ya sea cultural o políticamente hablando.

De momento hubo un "silencio sepulcral" como decía el locutor deportivo radial Manuel Rivera Morales, especialmente cuando el 90% de los estudiantes en aquella institución costeaban sus estudios universitarios con el "mantengo" federal, que aquí en Puerto Rico insisten en llamarla "la beca". Y digo mantengo, ya que hay unas diferencias marcadas lingüísticamente en las traducciones del inglés al español cuando se habla de; "grants and scholarships". Scholarships que se traduce y se refiere a una beca, que se le otorga usualmente a un estudiante por su alto promedio académico o por algún talento en particular que este pueda tener, mientras que un "grant or entitlement", es una ayuda federal para los estudiantes de bajos recursos económicos como lo es la "Pell" (Title IV), o sea, la Pell técnicamente no es una beca, pero una ayuda de naturaleza económica federal para los grupos de las clases más pobres. Aunque naturalmente, el uso de la palabra "beca" es más atractiva social y psicológicamente de parte de las instituciones académicas y el gobierno colonial, ya que es como para decirle al estudiante que no está cogiendo mantengo, y que él debe ser muy inteligente o tener un talento excepcional para poder obtenerla, que para mí personalmente, esta realidad parece más ser como el concepto de "simulacro" de Baudrillard (1977), "donde se quiere hacer creer tener, lo que verdaderamente no se tiene", parte esencial en la creación de una mentalidad dócil y colonial. Aparte que mami y papi se pueden sentir bien orgullosos que los americanos le están dando una beca a su hijo, que sin lugar a dudas debe ser brillantísimamente pobre.

Fue en ese momento, que como decimos en Puerto Rico, "se le tranco el bolo" a los estudiantes y la discusión sobre nación y ciudadanía se torno una que se podría clasificar de mecanismos de defensas y sentidos de derrotismo dóciles posmodernistas. Aseveraciones como ¿Es que si dejamos de ser ciudadanos americanos perderíamos un montón de beneficios? ¿Es más, nos morimos de hambre? ¿Puerto Rico no se puede mantener solo? ¿Mira como esta Cuba, Haití y Santo Domingo? Bueno, yo creo que ustedes los lectores puertorriqueños han oído estas aseveraciones y otras muy parecidas a estas, inclusive, hasta las mismas voces de los nuevos intelectuales puertorriqueños con su "jalea sin frutas", o mejor dicho; "fruitless jam".

"La formación de identidades nacionales en la isla es el resultado del entrejuego y competencia entre distintos imaginarios nacionales. El nacionalismo

167

en Puerto Rico (en sus diversas manifestaciones) no puede entenderse sin tomar en cuenta la forma en que el imaginario nacional norteamericano lo ha condicionado durante los últimos 100 años. Hay un imaginario nacional "puertorriqueño" (más bien, en Puerto Rico) que se confunde y que se mezcla con el imaginario nacional norteamericano o, más bien, con una interpretación de esta: el movimiento "estadista". (Carrión, 1999: 68)

Esta situación de la ciudadanía y la identidad nacional es una problemática que Montserrat Guibernau intenta resolver en su crítica a Anthony Smith; "Anthony D. Smith, on nations and national identity: a critical assessment" (2004), cuando comenta que, "[Smith] argumenta que al incluir 'ciudadanía' como un rasgo definitivo, Smith asocia identidad nacional con la membrecía de un estado ignora que, aunque todas las naciones tienen identidad nacional, no todas tienen un estado propio" (Guibernau, 2004: 125) Esta situación es de suma importancia ya que la pregunta inmediata sería que influencia política tendrían los estados soberanos en las sociedades modernas y se pregunta inmediata que presenta Guibernau es; "¿Puede la cultura ser desasociadas de la política cuando examinando la identidad nacional? ¿Es posible ignorar en el rol del estado en la construcción de la identidad nacional? ¿Cuáles son las consecuencias políticas de ser reconocido como, o reclamando ser una 'nación' en el mundo moderno?" (Guibernau, 2004: 126) Todas estas preguntas extremadamente validas, especialmente en el caso de Puerto Rico, donde existe una identidad nacional que está ligada directamente con la política colonial de las burguesías criollas nacionales y en donde la creación de dicha identidad no está asociada directamente con la construcción de un estado nacional, pero la perpetuación colonial, llevando a Puerto Rico ser una nación "invisiblemente" reconocida, pero sin una representación irónicamente dentro de la misma máxima organización internacional de las; 'Naciones Unidas'.

Imagínese del porque mis estudiantes y gran porción del pueblo puertorriqueño se puede sentir confundido de la 'gran' formula política ideológica que las burguesías criollas nacionales colonialistas, que inocente, ignorantemente o posiblemente conscientes, han gestado y que dentro de su gran pedante orgullo intelectual, se vanaglorian haber implementado para Puerto Rico. La gran mentira que por más de 60 años nos ha traído esta farsa, está contenida dentro la misma definición que han perpetuado y propagado a nivel nacional, del llamado; "Estado Libre Asociado", o sea, el "Commonwealth" de los norteamericanos, porque hay que recordar que los norteamericanos nunca le han llamado muy inteligentemente; "Free Associated State", al cual las burguesías criollas nacionales, o ignorantemente no comprenden o conscientemente han ignorado, ya que el imperio sabe de a sobras que Puerto Rico, ni es libre, ni es un 'estado' independiente, ni de la federación americana y mucho menos tienen un 'tratado' internacional negociado de una libre asociación bilateral con la isla, claramente expuesto de acuerdo a su propia constitución al cual nunca han enmendado. Puerto Rico es y continua siendo una posesión territorial, que le pertenece a ellos, pero que no son parte de ellos y al cual ellos tuvieron y tienen poderes plenarios sobre nosotros. La pregunta aquí es clara, ¿Quién fue el que nos mintió? ¿Si fue EEUU, que constitucionalmente siempre han sido claros, o de las burguesías nacionales criollas, en sus ínfulas de grandeza y sus ansiedades de tener, no poder, pero control de la colonia? Al final de cuentas, los que nos han hecho creer, que las definiciones y supuestas interpretaciones ventajosas del ELA, no han sido los norteamericanos, sino los mismos ideólogos criollos colonialistas, para así obtener sus siempre históricos propósitos nebulosos.

Por otro lado, Puerto Rico como una nación y con una identidad nacional definida, aunque parcialmente construida, inventada e imaginada, como muchas otras a través del mundo, cuando se refiere a la ciudadanía, no tenemos una sola opción, pero tenemos opciones a dos ciudadanías diferentes, aunque carecemos de tener una estado soberano. Una que no tiene un valor político/económico o legal (la Puertorriqueña), ni en el propio Puerto Rico o internacionalmente, y otra que es 'segunda clase' del mismo país que nos la impuso y que tantos añoran dócilmente. La pregunta esencial hacerse es, ¿Porque todavía tenemos una ciudadanía puertorriquena, al cual no vale nada en Puerto Rico o internacionalmente, y que solo le sirve de un simbolismo patriótico de resistencia a la condición colonial de ciertos sectores? Ya podríamos elaborar como mis estudiantes y las masas populares han notado, que la ciudadanía norteamericana tiene un efecto socio/psicológico y político/económico. En otras palabras la ciudadanía norteamericana se muestra como una ciudadanía de "mantengo" económico con fuertes efectos psicológicos de dependencia política, al cual dosifica sus cuerpos y consciencias a la condición colonial.

El filósofo francés, Michel Foucault nos trata de explicar estos efectos de la dosificación de las masas puertorriqueñas en su libro, "Disciplina y Castigo" (1977), cuando nos habla sobre los efectos políticos y económicos que conllevan a los individuos a la dosificación:

> "La disciplina produce sujetos y cuerpos prácticos, 'cuerpos dóciles'. Disciplina incrementa las fuerzas del cuerpo (en términos económicos de utilidad) y disminuye las mismas fuerzas (en términos políticos de obediencia)…, Si la explotación económica separa las fuerzas y el producto del trabajo, diríamos que la coerción disciplinaria establece en el cuerpo eslabones constrictivos, entre una aptitud incrementada, como también una incrementada dominación."
> (Foucault, 1977: 138)

Volviendo a René Márquez, quizás su mayor error, que posiblemente fuese de maneras inconscientes, posiblemente por la falta de un análisis más profundo, fue que la docilidad de las masas populares puertorriqueñas, no es una que nacen psicológicamente dentro de ellos mismos, pero es una que se construye dentro de la inventiva imaginaria ya dosificada de las burguesías criollas a crear una identidad nacional, basada en esa misma docilidad política. Al cual desesperadamente, por sus deseos de al algún control político, mantener ciertas ventajas económicas, ya amenazadas por el imperio mismo y que a través de su discurso político colonial prefieren utilizarlas y propagarlas. De estas maneras y dentro de su mentalidad paternalista 'cultural' de orígenes españoles, así no tener que compartir las hegemonías de poder político/económico con el pueblo, al cual desprecian y prefieren someter patriarcalmente, como históricamente siempre nos han demostrado, aunque tuviesen que lidiar con su propia docilidad ante el poder colonial que los domina. Haciéndose a si verse como el defensor santificado y beato, al cual es basado en su carácter dogmatico cristiano, al cual utilizan estratégicamente, no solamente para penetrar los cuerpos y las consciencias del pueblo, pero también de esa manera liberarse de la culpabilidad al cual ellos en algún momento podrían ser acusados, como hemos visto con la imposición de los norteamericanos de la "Junta de control fiscal", donde ellos reclaman, que es el imperio el culpable y no ellos, especialmente cuando el mismo pueblo reacciona específicamente en contra de ellos.

Estas actitudes paternalistas de las burguesías criollas las hemos visto claramente dentro de las expresiones ideológicas de Antonio Pedreira en los años 30' al cual ya hemos discutidos. Los elementos ideológicos al cual influyeron a Pedreira, eran aquellos mismos que cundieron por Europa y que llevaron a establecer las ideologías políticas/económicas y psicosocial/culturales del nacionalismo socialista que provocaron la 'Guerra Civil Española' en los mismos años 30' en que Pedreira escribe su "Insularismo" y que llevaron a la dictadura del Generalísimo Francisco Franco. El caso que los españoles fascistas se refirieran a

Franco como el "caudillo", nos hace sin duda cuestionar la mentalidad paternalista de las burguesías criollas de la época, a que también se refirieran continuamente a su líder máximo, Luis Muñoz Marín, como el "caudillo".

Es también coincidente que los aparatos represivos del estado fascista Español de Franco, que se impusieron sobre a los elementos de disidencia española, especialmente aquellos conocidos 'rojos' comunistas, como también las represiones que se llevaron en contra de las disidencias nacionalista puertorriqueñas de Pedro Albizu Campos, al cual se trataron de eliminar represivamente, no solamente a los elementos individuales y organizativos de las disidencias, pero como también crear y fortalecer a través del "castigo y la disciplina" una condición psicosocial de una docilidad política entre las masas populares, al cual de una forma u otra, llevaron a los sectores independentistas perder su resonancia entre el pueblo puertorriqueño. Fue este mismo elemento y el mayor error táctico estratégico del 'caudillo' boricua en 1968, que llevo a la división y caída de su partido y la subida del anexionismo burgués criollo, con un nuevo estilo de caudillaje cultural español, que reclama ser basados en un simulacro americanizado.

Para mis críticos, que como en muchas instancias, utilizan los que les conviene y descartan la verdadera esencia de esta narrativa, para construir sus retoricas demagógicas, decirles que yo no estoy, ni siquiera intento comparar a Francisco Franco con Muñoz Marín, ya que la figura de Franco y sus casi cuatro décadas de dictadura represiva y repugnante no puede tener ni la más mínima comparación con Muñoz Marín. Sino lo que discuto es la coincidencia política ideológica de la burguesía criolla y sus aplicaciones dentro del marco colonial puertorriqueño. Y digo dentro del marco colonial puertorriqueño, ya que si esa burguesía criolla hipotéticamente hubiera obtenido una soberanía política durante esa época, podríamos al menos especular de una forma también hipotética, que la ideológica política establecida por los intelectuales de las burguesías criollas, pudieron haber sido inminentemente peligrosas para el pueblo puertorriqueño. En eso, le tenemos que dar gracias a la infinita docilidad de la burguesía criolla, aparte que los norteamericanos no lo hubieran tolerado como toleraron y apoyaron la dictadura Franquista, que le hizo el favor de eliminar las ideologías comunistas en la España posguerra.

La docilidad de la burguesía nacional criolla siempre ha estado vinculada a la invención de la identidad nacional, con el pretexto esencial de establecer un discurso político colonial, al cual siempre hemos sido sometidos. La debilidad de las burguesía criollas lo conduce a identificarse con el mismo narcisismo que les impone el imperio y lo llevan no solo a despreciar al 'jibaro', pero lo hace hipócritamente, enmascarándose del mismo al cual desprecia, para convencerlo que el dirigirá a una nación que les brindara; 'pan, tierra y libertad' dentro de una victoria épica que solo ellos podrían lograr.

> "La debilidad del yo hoy, que no es simplemente psicológica, sino en la que el mecanismo psíquico registra la impotencia real del individuo frente al aparato socializador, estaría expuesta a una dosis insoportable de agravio narcisista, si no se buscara una compensación a través de la identificación con el poder y la grandeza del colectivo" (Adorno, 1988: 580)

Estas actitudes de las burguesías nacionales burguesas, no son exclusivas de las fuerzas autonomistas, pero también de aquellas anexionistas que también sufren del los efectos de la sumisión "física y psicológica", pero que alteran sus visiones políticas, unas dirigidas hacia la 'derecha' política (anexionismo) extirpados de alguna consciencia nacional y la otra hacia la 'izquierda' (autonomistas) que conservan sentimientos de culpabilidad de intentar borrar ciertos sentimientos de algún pasado común que los une con el pueblo, en ambos situaciones, el proletario y el campesinado son al final a cabo las víctimas, no directamente del imperio, pero de la misma burguesía criolla.

> "Puesto que la rabia que produce el tener que someterse a los poderes sociales opresores no puede dirigirse contra ellos, el yo debilitado acaba desviándolos contra sí mismo o proyectándolos hacia algo exterior más débil. Bajo estas condiciones es como si la economía libidinal exigiese un chivo expiatorio. (Adorno, 1988: 200) Estamos ante un carácter dependiente y no integrado que reacciona "hacia los más fuertes con sumisión y hacia los más débiles con desprecio". (Wiggershaus: 1989: 175)

Es por tanto, que debido a esta docilidad política que conlleva al burgués criollo a buscar, crear, inventar y hasta imaginar una identidad, no necesariamente que los identifique como grupo, sino una identidad que los dote de algún poder político, que les devuelva su dignidad socio/económica, basada en la identidad al cual no pueden conscientemente separarse; aquellos lazos culturales españoles, con todo aquel "pamplonaje monárquico" cultural que los separa socio/económicamente del 'otro'.

Es por ello, que no ha de sorprendernos que la falsedad y mentira ficcional política del "Estado Libre Asociado", fuera una de total conocimiento por parte de liderazgo de las burguesías criollas autonomistas y su figura máxima (Luis Muñoz Marín), que solo respondieran a sus maquiavélicas ínfulas infantiles y dóciles, de un narcisismo omnipotente por obtener algún control político aunque este fuese de un fantasioso simulacro que se propago astutamente hacia el pueblo, diciéndoles tener algo grandioso, al cual ellos a sabiendas comprendían no tener.

> "Por otro lado, si fracasa la identificación con la autoridad, ésta permanece exterior al sujeto y la conciencia y las decisiones morales tienen que seguir siendo dependientes de autoridades externas. Se produce un antagonismo insostenible entre el apetito narcisista orientado hacia la omnipotencia deseada en los orígenes y la experiencia continuada de pequeñez y limitación que desmiente dicha orientación. Este antagonismo está en la base de los intentos de engrandecer narcisistamente al yo por medio de la identificación con el colectivo o por las fantasías de omnipotencia."
> (Zamora, 2010; 13)

Era por consiguiente, que la identificación nacional que se arraigaba al pueblo, no era una basada en las necesidades socio/económicas y políticas de las masas populares, pero en aquellas que exclusivamente beneficiaban a las clases socio/económicas de la burguesía criolla. Es esa misma clase burguesa que entregaría al pueblo si optara por una opción, que amenazara sus proyectos políticos coloniales, aunque en su eterna cobardía dócil, persuadía y convencería aquellos que también los sometía a ellos mismos, para hacer el trabajo sucio, al cual ellos no tuvieron la dignidad humana de ejercer. Claro ejemplo de esta cobardía fue la colaboración directa de Luis Muñoz Marín, con el mismo imperio, al cual el no solamente era sometido, pero que llevo al pueblo a someterse, con la persecución de aquel hombre, al cual su capacidad intelectual y carisma tanto envidiaba prejuiciosamente, o sea, Pedro Albizu Campos.

> "Esta limitación esquemática de la percepción y la conciencia va frecuentemente unida al mecanismo de la

proyección que está en la base de los prejuicios. Sobre otras personas o sobre grupos identificados son proyectados los propios deseos reprimidos, las debilidades inaceptadas y los aspectos desagradables de sí mismo. Esto puede dar paso a la agresión si ésta cuenta con cierta sanción social o es respaldada por el poder, lo que dado el caso permite una revalorización del yo débil a través de una gratificación narcisista por identificación con el propio colectivo y devaluación del grupo ajeno y, además, una descarga desbocada de las agresiones destructivas." (Zamora, 2010: 14)

Conclusión

"No existe una historia de
la humanidad, sólo hay
muchas historias de todo
tipo de aspectos de la vida
humana"

Karl Popper

Desde 1950, hemos visto como las consecuencias de la política económica colonial que se establece en Puerto Rico, a través del aparato ideológico político administrativo insular del gobierno norteamericano, como un proyecto o laboratorio socio económico, unidos a la clases burguesas nacionales, tuvo aparentemente un desarrollo económico temporal que eventualmente era necesario reevaluar y redirigir, y al cual por las consecuencias de ineptitud, incapacidad y funciones de corrupción, se deterioro creando serias consecuencias psico sociales culturales económicas al pueblo de Puerto Rico.

A pesar que las intenciones políticas económicas ideadas y promovidas por el entonces economista y último gobernador norteamericano en Puerto Rico, Rexford Tugwell, que posiblemente eran nobles en su implementación paternalista, con el paso del tiempo se fueron desintegrándose desastrosamente por las incompetentes administraciones políticas de las burguesías nacionales, que por posturas político partidistas e ínfulas de poder infantilistas, se fueron deteriorando las gestiones desarrollistas de la economía nacional y a su vez alterando las realidades sociales y culturales en Puerto Rico, dentro de una *neurosis social colectiva* basada en una consciencia de *docilidad* socio política enfermiza, al cual estas mismas provenían históricamente de las elites burguesas criollas, al cual se podría proponer que estaban directamente asociadas a su búsqueda falsificada de una consciencia de identidad nacional.

La historia de Puerto Rico es una basada en su relación como colonia por más de 500 años, en donde se enaltece de un nacionalismo basado en su propia existencia de dominio colonial extranjero como referente de orgullo e identidad existencial. En otras palabras, somos orgullosos de ser una colonia dominada por una identidad nacional extranjera y al cual no nos interesa una libertad política soberana, porque nos percibimos como un pueblo amparado de extremas libertades, donde la incapacidad de ser libres, para poder auto gobernarnos está basado en dichas libertades gratificadas por el mismo poder colonial neo-liberal. En otras palabras, somos como aquel hijo que tiene 50 años y siempre ha vivido con sus padres, que comprende que tiene su propio orgullo e identidad, pero se cree incapaz de vivir solo, fuera de la casa de sus padres que siempre han sido buenos con él. O sea, el referente del individuo mencionado y la nación puertorriqueña es una de simplemente inmadurez, enajenación y dependencia de un *otro* de carácter paternalista, que nos ha cohibido psico socialmente de nuestros deseos de libertad a través de unos mecanismos de domesticación disciplinaria de la conducta humana socio cultural y biológico. Por tanto Ángel Israel Rivera nos dice:

> "Justamente porque hasta en círculos académicos se ha llegado al juicio desatinado que en Puerto Rico ha existido un sólido nacionalismo cultural pero no ha existido un sólido nacionalismo político es que se hace perentorio abordar este tema en toda su detallada complejidad." (Rivera, 2007: 135)

La problemática del discurso narrativo de la identidad nacional puertorriqueña, es una que se ha discutido y continuara discutiéndose hasta que no lleguemos ni siquiera a las raíces de dicha problemática, probablemente por razones obvias. Mi contención es que la génesis de dicho problema está fundamentada, en que la formulación de la identidad nacional puertorriqueña, está basada estrechamente con una docilidad psico social cultural de las clases elitistas criollas burguesas, que la formularon, como medida de controlar la administración de la colonia y no de su liberación como estado soberano, aludiendo al hecho de su capacidad de deserción ante las pasadas y existentes poderes imperialistas.

Ángel Israel Rivera nos dice en su libro; "Puerto Rico ante los Retos de siglo XXI":

> "...cuan falaz es la noción según la cual en Puerto Rico ha existido y existe un notable nacionalismo cultural pero no existe nacionalismo político o, si lo hay, es extremadamente débil." (Rivera, 2007: 135)

Quizás el profesor Rivera tenga razón cuando habla sobre nacionalismo político en Puerto Rico, pero dicho nacionalismo político no necesariamente proviene de las expresiones de las masas populares puertorriqueñas, sino de la construcción e invención de dichas identidades de las clases burguesas criollas, el mismo problema que confronta René Márquez y otros intelectuales puertorriqueños.

El nacionalismo puertorriqueño fue uno que nació de un "nacionalismo defensivo" de la clases sociales burguesas nacionales, al cual las incorpora "ipso facto" a las masas populares subalternas nacionales, sostenidas propagandísticamente por las instituciones ideológicas de los poderes y conocimientos burgueses criollos, bajo el pretexto de una nacionalidad cultural del "otro" (el jibaro), al cual está basada en una ideología excluyente, que su finalidad es re-inventar una nueva identidad nacional que las identifique a su esencia de clase socios económicas y así poder institucionalizarlas y mistificarlas para apropiarse del poder político. Esta exclusión, que aunque existe con contradicciones de violencia simbólica socios económicas, no se muestran siempre políticamente opresivas, ya que ambos grupos carecen del poder político absoluto, al cual se mantiene bajo el poder colonial extranjero y que algunos políticos de izquierda responden, "gracias a dios", ya que sin la intervención de los federales, los abusos de las clases sociales dominantes criollas burguesas serían mucho más severas.

A través del tiempo, la construcción e invención de la identidad cultural criolla pequeña burguesa, de extracción burguesa, comienza a ser amenazada políticamente por las contradicciones de clases socios económicas y se comienza la re-evaluación de dicha identidad, manteniendo la invención de la supuesta docilidad del "jibaro" (la figura mitológica del nacionalismo), para esconder su propia docilidad. Estos procesos en el siglo 20, se llevan a cabo bajo propagandas de instituciones pseudo culturales criollas (violencia simbólica) por un lado, y por la violencia física policial del estado (Metrópolis), con las colaboraciones directas e indirectas de las mismas burguesías criollas, por el 'otro'.

Desde las persecuciones nacionalistas de los 30's y 40's, los carpeteós y alienación de independentistas y sus símbolos nacionalistas (incluyendo la misma bandera puertorriqueña) en los 60's y 70's, la violencia y propaganda negativa de las gestas estudiantiles y académicas en la Universidad de Puerto Rico, la matanza criminal del "Cerro Maravilla", y hoy, con la sublime negativa de la mediática puertorriqueña, de exponer opiniones que no sean mayormente aquellas de las que controlan el poder político colonial, son ejemplos claros de la violencia física y simbólica para mantener una docilidad identidaria política y a su vez perpetuar dicha docilidad de la identidad política, como parte directa y yuxtapuesta de nuestra identidad cultural nacional.

Inclusive, nuestras diásporas migratorias a la metrópolis, en los desplazamientos poblaciones ideados durante el periodo de "Manos a la Obra" como condición de éxito a la planificación y transformación económica de la isla, nos señala históricamente como estas clases obreras pobres de los sectores agrícolas de Puerto Rico mantuvieron a través de la "memoria colectiva" una identidad cultural distintiva y similares aquellas de las masas populares de los jibaros puertorriqueños de la isla y de aquellas que ya se encontraban en el exilio. Mientras que la identidad cultural puertorriqueña burguesa en la isla se establecía en "La Casa de España" con la música de la danzas y vals de Arturo Somahano, mientras que en el "Barrio" puertorriqueño de Nueva York, se celebraba en el verano en las azoteas ("el rufo") y en el invierno en los sótanos ("el beisman") de los edificios del "ghetto" donde los puertorriqueños pobres y desplazados celebraban al son del "seis", "guaracha", y la "plena" al ritmo de "Canario" y Món Rivera.

Es en el exilio, desde aquellas entre las grandes guerras y después masivamente con "Operation Bootstrap", donde el puertorriqueño exalta aquella identidad que fue falsamente adoptada por las burguesías criollas y como muestra de resistencia étnica nacional que florece de maneras unitarias nacionalistas pasivas y agresivas. Es allí donde el puertorriqueño se identifica con su realidad y su unidad con las masas populares Latinoamericanas. Es allí donde se desarrolla el sentimiento patrio y la añoranza por su nación y por su pueblo, es allí donde, Pedro Flores, Rafael Hernández, y Bobby Capó, crean y expanden globalmente sus sentimientos patrios, no solamente de clases sociales pobres y marginadas, pero incluyendo aquellas de etnias negras y mulatas puertorriqueñas, que tanto José Luis González tiene en cuenta. Por cierto, Muñoz Marín, el líder político de la burguesía criolla, que decía ser un buen amigo del "Jibarito Rafael" (Rafael Hernández), trato de convencer al compositor de cambiarle la letra de su tema nacionalista, "Lamento Borincano", ya que a le parecía demasiado pesimista para los ojos coloniales al cual el auspiciaba, pero este fracaso en su intento. Muñoz Marín, que cuando reclamaba ser amigo de Rafael Hernández, eran en sus días de 'bohemio' [énfasis] e independentistas en Nueva York, al cual más tarde reclamo que eran "errores de juventud", tuvo

más existo en alterar la obra magistral de Hernández; "Preciosa".
(Glazer, 1995)

> "Nadie que había escuchado la canción, escrita durante las inquietudes de una era intensamente nacionalista, dudaban a quien se refería al *"tirano"*, Muñoz se sentía incomodo sobre los sentimientos de la canción a la luz de la dependencia con EEUU y sus posibilidades a un estatus mas oficial autonomista (Commonwealth) para la isla. Al cual el oficialmente cambio la palabra *'tirano'* a *'destino'*, probablemente a finales de los 1940's" (Glazer, 1995: 202)

"Preciosa te llaman los bardos

que cantan tu historia.

No importa el *tirano* te trate

Con negra maldad.

Preciosa serás sin bandera, sin lauros, ni gloria.

Preciosa, preciosa, te llaman

Los hijos de la libertad.

Más tarde Rafael Hernández volvió a cambiar la letra de la canción a la original, pero por mucho tiempo, muchos cantantes en la isla, preferían no cantar la canción por motivos de repercusiones políticas de parte del estado. (Glazer, 1995) Curiosamente, hoy se canta la canción a través de todos los sectores sociales económicos y políticos de la isla, pero la letra parece haber perdido su esencia política nacionalista y solo se canta como si fuese un patrimonio cultural nacional del pasado, sin una contundencia política contemporánea.

Es en el exilio, donde nuestra cultura nacional proletaria, campesinada y marginada florece, no con la violencia simbólica cultural impositiva de la burguesía nacional puertorriqueña, donde no se puede extender persuasivamente, pero con el conocimiento y la resistencia de las voces subalternas Latinoamericanas y estadounidenses marginadas, dentro de la Metrópolis Norteamericana, donde las fusiones culturales musicales del puertorriqueño nacen, como la "Salsa" y el Jazz Latino, representados por, Tito Puente, Eddie y Charlie Palmieri, Andy y Jerry González (el CuchiFrito circuit), Willie Colón, Joe Cuba y Ray Barretto, entre muchos otros; que también expandieron globalmente una identidad cultural puertorriqueña de una naturaleza no burguesa criolla, con preocupaciones políticas económicas de resistencia dentro de sus 'voces' musicales. O como también, el teatro de resistencia cultural de Piñeiro, reconocida y aclamada por las elites artísticas de Broadway. Estas voces de resistencia política y cultural no solamente se expandieron a través del mundo, pero que en algunos casos particulares, llegan a Puerto Rico, criticados y sancionados culturalmente por una resistencia de los sectores reaccionarios e impregnados de una identidad colonial burguesa criolla, como en el caso del repudio hacia Piñeiro y los Nuyoricans en general.

Inclusive, vemos en muchas ocasiones, hasta los literatos intelectuales de la isla, muchos de ellos de las elites liberales e independentistas, que sarcásticamente los humillaban, en vez de comprender los procesos psicosociales/culturales y político/económicos de estos grupos en particular, tanto como al cual estas migraciones habían sido expuestas y en vez de escuchar sus voces de resistencia y valor, contribuían a la misma perpetuación de la identidad cultural burguesa criolla y dosificada, al cual ellos nunca comprendieron que habían sido infectados. Creando del 'jibaro', que antes eran considerados, inocentes e ignorantes y ahora ellos mismos, sus supuestos defensores, los convertían, en estúpidos enajenados y americanizados.

Al final vemos, que a través de estas migraciones de las masas populares en exilio, formalmente agrícolas (jibaros) y anteriormente desplazadas, que regresan a Puerto Rico, que al final e irónicamente los puertorriqueños de la isla, adoptan este cultivo y desarrollo identidario cultural de ellos, como propias suyas, aunque sientan animosidad por aquellas masas migratorias que las crearon, al cual ellos tildan con un desprecio despectivo, como "puertorriqueños de allá" y no como quizás los verdaderamente puertorriqueños, ya que en realidad eran nuestros "jibaros", como la mayoría socio/cultural poblacional en Puerto Rico, que regresaban repletos de una cultura desarrollada y enriquecida por ellos mismos y no del 'otro', como de aquella identidad anteriormente robada, que ahora regresa de su destierro involuntario del extranjero al cual fueron forzados, con un gran orgullo nacional, al cual regresan triunfantes, en la propagación cultural de una identidad nacional puertorriquena, posiblemente más pura, desafiando culturalmente aquellas impuestas sospechosamente por las burguesías criollas.

Es allí donde la supuesta docilidad política queda cuestionada con los "Young Lords" y la participación política para elegir un puertorriqueño, *con voz y voto* al Congreso Norteamericano (Hernán Badillo). Es allí mismo, como acto de resistencia política económica y identidad cultural, donde se despliegan la más grande exposición de banderas puertorriqueñas en el mundo, que reclaman emocionalmente a gritos; "I'm a Puerto Rican, pa' que tu lo sepas". Mientras que en Puerto Rico, que tanto supuestamente amamos nuestra bandera, consciente o inconsciente, quizás por un sentimiento de culpabilidad que desconocemos, o por una opresión ideológica escondida, brillan por su ausencia, aunque la "Stars and Stripes" cada día se expone mas, demostrando la docilidad política de un pueblo colonizado, que cada día cae ante las influencias y dependencia económica extranjera de aquellos que los controla y domestica, solo buscando su propio bienestar y no del mismo pueblo.

Uno de los problemas más notables de aquellas tradiciones inventadas o comunidades imaginadas como nos sugiere Benedict Anderson (1991), Hobsbawn y Ranger (1983) de parte de la burguesía criolla, que fueron extirpando aparentemente características del campesinado puertorriqueño, o sea; el jibaro, y que todavía tienen que seguir discutiéndose y analizando dentro de las investigaciones sociológicas y antropológicas. A parte del estudio antropológico de Julian Steward, Eric Wolf y Sidney Mintz, entre otros [The People of Puerto Rico], que precipito una seria amenaza de parte de Julian Steward hacia Jaime Benítez [entonces Presidente de la Universidad de Puerto Rico y líder intelectual del populismo criollo burgués] cuando este personalmente no quería radicar su publicación basado en sus posturas ideológicas contrarias a las encontradas por Steward y que todavía hoy en día se desconoce parcialmente entre la academia puertorriqueña (Michael Lapp, 1995). Este aparece como un estudio etnográfico, altamente reguardados dentro de la antropología Norteamericana, como una de sus primeras grandes etnografías relatando de forma concienzudo a poblaciones heterogéneas regionales en Puerto Rico, posiblemente identificando a aquellos que posiblemente llamamos; "jibaros", al cual el criollo burgués tanto se quería identificar, reinventando sus tradiciones mitológicas y que obviamente temía de su posible descubrimiento, ya que con su descubrimiento también se caía, sus intenciones de su invención subjetivada de la identidad nacional puertorriqueña dotado de raíces burguesas enmascaradas como jibaras.

Lo poco que conocemos de la identidad del jibaro está basado dentro de la narrativa discursiva del criollo burgués y a través mayormente de la literatura burguesa criolla. Esta imagen era en instancias de un hombre humilde y trabajador, pero orgullosa, que sufría de las injusticias de los gobiernos administrativos imperialistas (Scarano, 1996) o del individuo atrasado educativamente, pero de una picardía de connotaciones socio culturales, como Juan Bobo [algo como el "Lazarillo de Tormes", de la picardía Española] o como sátira populista, como los cuentos de Abelardo Díaz Alfaro. Al final, quien era el Jibaro, que todavía solamente existe dentro de la imaginaria cultural puertorriqueña, como incógnita, mitológica y enigmática, que solo ha sido interpretada y reinterpretada subjetivamente por la burguesía criolla, donde adaptaba o descartaba su esencia en la construcción de su supuesta propia identidad nacional, condenando la identidad del jibaro a una interpretación apropiada.

Acaso este "jibaro" campesino recluido del criollo burgués en las zonas montañosas de la isla, era porque históricamente no se confiaba de él, por una parte, por sus continuos abusos psico sociales económicos, como también de un sistema colonial jurídico Español que protegía a los intereses burgueses criollos de las resistencias violentas en su contra, por razones mayormente socios económicas.

Las tensiones de clase social entre estos dos grupos aparentan ser históricamente antagonizantés, pero son más aparentes cuando comienza la invasión norteamericana de 1898, donde comienza un desorden y caos de enfrentamientos entre los criollos burgueses y el campesinado jibaro, donde el jibaro aparentemente se aprovecha que los criollos burgueses carecen de la protección de las administraciones coloniales españolas para impartir un poco de aquella justicia que carecían.

Estas contradicciones de clases hegemónicas (americanas, criollas y jibaras) se hacen algo claras a través de los informes oficiales de las administraciones coloniales americanas y de los reporteros americanos y locales, donde por fin se comienzan a escuchar las "voces subalternas", de las clases no privilegiadas puertorriqueñas y sus posturas de contradicciones de abusos socios económicas de parte del criollo burgués, aunque estas fueran interpretadas por aquellos en poder.

En el libro de Kelvin Santiago Valles, ""Subject People" and Colonial Discourses: Economic Transformation and Social Disorder in

PuertoRico, 1898 -1947" nos muestra el desorden social que se acontece en Puerto Rico con la invasión americana y que dicha violencia, no era dirigida hacia y en contra el invasor americano, sino en contra de las clases burguesas criollos al cual el jibaro veía con cierto despecho. Como ejemplo, en el caso de un hacendado cafetalero en Yauco, estos manifestantes entraron a su casa y mataron al hacendado al frente de su esposa e hijas y al próximo día se encontraron con el mayordomo de la hacienda y le cortaron la oreja y la clavaron de un árbol. (Santiago Valles, 1994: 80) Sin lugar a dudas, el despecho del jibaro hacia el hacendado era de tal magnitud que lo llevan al asesinato, pero el mensaje sublime con que se trata al mayordomo, nos da la sensación que este jibaro tenía un sentido de clase bastante sofisticada y que le deja un mensaje aquellos lacayos de los criollos que se cuidaran. O sea, la oreja en el árbol, podría ser interpretada como aquella que dice; "ponga oído aquellos de los nuestros que nos traicionan", aunque aquí yo posiblemente este interpretando peligrosamente las voces del subalterno, como diría Spivak.

El criollo burgués quedo por un tiempo al descubierto de las inconsistencias que aquellos discursos narrativos al cual en siglo 19 ellos exponían. O sea, aquel criollo que adopta la identidad del "Otro" y su máscara de ser de las clases trabajadoras, por un lado y el burgués propietario de las clases sociales intelectuales de la isla por el otro. Aquí el criollo burgués no solo queda al descubierto de las inconsistencias de sus discursos narrativos, pero queda enclavado dentro de unas motrices hegemónicas de poder entre su nuevo patrón colonial (EEUU) por un lado y desorden y caos socios económicos del jibaro por el otro. Ya aquel jibaro descrito por los criollos burgueses del siglo 19 y expuestos en la obra de Lidio Cruz Monclova y su "Historia de Puerto Rico (siglo 19)" de aquel individuo; dócil, indiferente, sin revolúes, sin malicia, ignorante, de una persona que vive en el bosque y sin apenas contacto humano, es algo que uno necesariamente tendría que re-pensar y posiblemente cuestionar las intenciones criollas.

Este "status quo" pone al criollo a re-pensar sus posturas de sus invenciones de identidad nacional bajo el coloniaje español y poner al descubierto la máscara de las mentiras conscientes o inconscientes que exponía anteriormente. Cuando el poder colonial americano describe las actitudes de los "nativos" en sus reportes a la metrópolis, la burguesía criolla indignada intenta esclarecer las diferencias entre el "nativo bueno" y los "otros nativos" exponiendo su verdadera cara y que era la esencia de la nación puertorriqueña amenazada por la dominación económica y cultural americana (Quintero Rivera, 1990). En otras palabras, era como tratar de cambiarles el nombre de la obra de Manuel Alonso del; "El Gibaro" al "El Criollo Burgués" (que realmente debería ser el titulo) y finalmente al de, "The Docile Native", al cual eventualmente se convierte y los anexionistas ejemplarizan. Estas posturas de la mímica colonial, como la describiría Homi Bhahba existen dentro de la ambivalencia de los postulados de sus discursos narrativos coloniales y las realidades de la burguesía criolla históricamente (Bhaba, 1984) y que los convierte en identidades perpetuamente colonizadas y subyugadas.

Las inconsistencias de los discursos narrativos de la burguesía criolla ya expuesta a sus contradicciones identidarias, y en donde se ve claramente en sus intentos de establecer ante el poder colonial; ser los herederos legítimos de la isla y su derecho inalienable para administrar la colonia. Santiago Valles nos comenta parafraseando a Homi Bhahba;

> "Las diferencias políticas y socios culturales invocado por la inteligencia "nativa" persistía en reproducir la función estratégica dominante del poder colonial…, Por ejemplo, hasta los elementos políticos anticoloniales dentro de los altos comandos de los Unionistas, Liberales,

Nacionalistas, y PPD continuaban dentro
de los paradigmas coloniales de
perspectivas céntricas Euro/Americanas"
(Santiago Valles, 1994: 230)

Este afán de la obtención del poder administrativo de la colonia de parte de la burguesía criolla, los lleva históricamente a continuamente reconstruirse dentro de los paradigmas de su identidad nacional. Con la caída del imperio Español y la llegada del imperio Americano, que por una parte este le era beneficiosa, ya que el criollo burgués ya no tenía que esconder y adoptar la identidad del "Otro" (jibaro) ante las autoridades coloniales, ya que las diferencias culturales eran obvias, pero ahora tenía que disolver la idea identidaria del "Otro" y separarse de ella, para establecer la identidad que él era un "nativo" bueno, obediente, civilizado (dócil) y no como el "Otro" que era el salvaje, indisciplinado y violento. Desde la llegada de los americanos, esta estrategia era y es de constantemente estar cambiando sus posturas identidarias, siempre ancladas en su continua docilidad colonial del control de la administración de la colonia, sin tener que desafiar directamente al imperio, ya que teme que este desafío reafirme dicha docilidad ante el pueblo y a la misma vez pierda su confiablidad.

Durante los treinta y cuarenta aparece el fenómeno del criollo burgués observando, analizando, comentando y escribiendo sobre las realidades psico sociales culturales del jibaro dentro de su mímica colonial y "dentro de los paradigmas coloniales de perspectivas céntricas Euro/Americanas", parecidas a las que comentaba Edward Said en su "Orientalismo", donde el de afuera describe al subalterno que aparentemente carece de una voz propia.

Si miramos a las observaciones del sociólogo José C. Rosario y Justina Carrión en sus descripciones del comportamiento del jibaro, nos parecerá que sus labores como científicos sociales quedarían altamente cuestionadas hoy en día. Por ejemplo, en una publicación de "Zona Cañera" Rosario y Carrión comentan; "Yo no sé qué demonio está mal con la gente de esta comunidad,…uno los ve en" jugando cartas, topos o dominós o en cualquier fiesta y "por la mas mínima cosa, o cortan o apuñalan a alguien" (Santiago Valles, 1994: 173 traducido por autor).

Santiago Valles analiza dichos comentarios y nos comenta:

> "Esto contrasta severamente con los resultados con la mayoría de los estudios sociológicos hoy en día. Estas exploraciones en las ciencias sociales no simplemente proveyeron autenticidad adicional a los incidentes de tales eventos. Estudios de esta clase también tiende a reinforzar los discursos normativos y administrativos que ideológicamente comprende todas sus prácticas populares, aparte del contexto, como evidencia adicional de la moral (endémica) de depravación de los "nativos" de las clases obreras" (Santiago Valles, 1994: 173)

Cuando uno mira la obra etnográfica del eminente antropólogo Julian Steward. "The People of Puerto Rico", uno denota la ética moral académica de observador/participante antropológico al cual intenta no aparecer como aquel que juzga, pero que comenta sus observaciones de una supuesta manera racional, intelectual y académica. Irónicamente, al final, vimos como dicha obra no fue inicialmente aceptada ideológicamente por Jaime Benítez (el intelectual de la burguesía criolla), al cual por un tiempo se negó a su publicación y se no fuese por las amenazas del autor no se hubiese publicado. (Lapp, 1995) Por tal razón Santiago Valles denota que la etnografía de Steward y sus estudiantes no tenía las intenciones o el deseo de señalar las deficiencias de los nativos al cual requería corregir, al cual era el caso de; Rosario, Carrión, Meléndez Muñoz, como los americanos; Ickes, Rogler y Brown. (Santiago Valles, 1994: 223)

Ya al final de los cuarenta y principio de los cincuenta, nuevamente el criollo burgués cambia sus posturas identidarias, esta vez nuevamente identificándose con el "jibaro", pero esta vez para obtener el poder político y la administración de la colonia en el experimento colonial iniciado durante la administración de Tugwell, que lleva a Muñoz Marín a la gobernación con su "slogan" populista de; "Pan, Tierra y Libertad" y con la imagen emblemática del "jibaro" en su bandera política, que dura hasta 1968.

Para culminar y después de 1968, su próximo paso sería nuevamente reconstruir su identidad nacional, pero esta vez de parte de las fuerzas anexionistas lideradas, ya no por los tradicionales anexionistas del Partido Estadista Republicano, mejor conocido por las oposiciones del pasado como lo "colmillues", por sus abusos y corrupción, pero de aquella de un reformista y empresario llamado; Luis Antonio Ferré, que nos trajo una alternativa criollo burguesa con tonalidades de una identidad nuevamente jibara con su llamada doctrina de la "estadidad jibara" y que desde entonces las porciones intelectuales anexionistas apelan dentro de un juego lingüístico su ciudadanía americana, o sea una identidad política como una yuxtapuesta a la fomentación posmodernista de una identidad global capitalista, con raíces americanas para buscar la anexión federal y continuar la administración, ya no de la colonia, pero la del "estado" federado con sus mismas costumbres, del ladrón que se pone y se quita la máscara con el fin de obtener sus enfermizas ínfulas de poder de mentalidad colonial, como lo referiría Albert Memmi y Franz Fanón.

Como nos indica Spivak (1988) y Ranajit Guha (1988), hay que comenzar a buscar dentro de las voces subalternas en la isla y especialmente aquellas en el extranjero que re-viven a través de la memoria colectiva del pasado una historia etnográfica de quizás formas y significados orales como nos presenta Alessandro Portelli en "La Muerte de Luigi Trastulli" (1991); naturalmente si ya no es demasiado tarde y ya se han perdido con los obituarios del pasado. Al menos hoy deberíamos reconstruir una historia de aquellos de los marginados y desposeídos que muy posiblemente contienen las raíces mismas de un pasado "jibaro". Ya que si no comenzamos a desconstruir la historiografía de las versiones criollo burguesas, continuaremos a ser sometidos a la docilidad y a un cuestionable "tira y jala" de una identidad nacional enmascarada por un grupo con el deseo de un poder político de naturaleza subyugada y colonial.

Hoy, me tengo que rebelar y condenar las secuelas mitológicas del patriotismo criollo burgués y sus posturas de llamarlas a ciertas gestas de liberación política independentista, como movimientos nacionalistas, cuando para mí solo sirven para escapar de la docilidad que solo existe dentro de sus consciencias como un "mea culpa" que no pueden escapar. Yo no puedo llamar el "Grito de Lares" como un movimiento de liberación nacional, cuando las masas populares fueron en su mayoría excluidas de dichos procesos. ¿Donde están las voces de los negros, mulatos, pardos, esclavos, jibaros y hombres marginados a la miseria que no existen o luchan por su liberación? Quizás fue esta la razón que dichas gestas (y no movimientos) fracasaron en sus intentos, quizás nobles, pero conscientes/inconscientes de la falta de una identidad igualitaria entre todos los sectores de las clases sociales y étnicas de la nación.

Yo comprendo la nobleza del "Antillano" (Ramón Emeterio Betances), que siempre lucho por igualdad y la abolición del esclavo, quizás fue por composición fenotípica, tanto como su educación en Francia y no en España que lo hace tan digno de admiración, pero su fracaso no solo fue la no incorporación masiva de las masas populares en los procesos de liberación, pero la traición misma de la burguesía criolla, dócil y subyugada a la eterna colonización. Por otro lado, también comprendo la nobleza ideológica independentistas de José de Diego y sus contribuciones políticas y educativas, pero se me hace difícil admirar a un hombre que daba muestras de ser un racista con visiones euro céntricas, que solo demuestran la misma docilidad de la mentalidad del colonizado que defendieron las ideologías independentistas del pasado y tienen su continuación en el presente, sin que haya una estrategia precisa de alguna incorporación de las masas populares, al cual puedan definir una renovadora identidad nacional, tanto política, como cultural.

La problemática inicial es comprender a través del análisis existente, si la docilidad expresada históricamente por el burgués criollo era la de un jibaro campesinado del interior de las montañas, aparentemente recluidas y distanciadas del poder central colonial, sin ninguna educación formal y ninguna aparente participación política, o si dicha docilidad era una condición psico social criolla burguesa utilizada para mistificar su propia condición, diferenciándose de la cultura y el poder político Español, en su búsqueda de una identidad unitaria de resistencia política, de apariencias hegemónicas sub culturales. Justin Daniel citando a Taboa nos dice al respecto:

> "En el plano teórico, tal enfoque no se contenta con reiterar, contra toda concepción sustancialista, el carácter dinámico de las identidades. Igualmente debe subrayarse que las estrategias que articulan estas últimas tienen necesariamente unos fines. En efecto, las estrategias identidarias "aparecen como resultado de la elaboración individual y colectiva de los actores y expresan en su movimiento, los ajustes operados, cotidianamente, en función de las situaciones y los conflictos que suscitan – es decir, los fines expresados por los actores – y los recursos de estas (Taboa 1990:49)" (Daniel, 2003: 35)

En otras palabras las razones de la construcción identidaria de la burguesía criolla, era una de incertidumbre sobre su propia identidad y

194

que dicha identidad se construye a base de una resistencia del poder político colonial existente. "Partiendo de los aportes más recientes de las ciencias políticas, este enfoque privilegia, por lo tanto, unos de los fines que usualmente orientan las estrategias identitarias: [son] los intereses políticos que guían la acción de los actores." (Daniel, 2003: 35). Esto crea la noción, que las estrategias de las elites criollas burguesas era en su esencia buscar una relación directa entre alguna identidad cultural mistificada para así promover sus posturas y preocupaciones de establecer una identidad política de resistencia colonial. Históricamente este parece ser el punto de partida que alude a las premisas de la orientación de la identidad política de las burguesías criollas, basadas en la orientación cultural de "otro" como una imposición y luego de una continuidad del control del poder político, que nos podría adelantar a la concepción que lo político y lo cultural son metafóricamente, "dos mellizos", distintos genéticamente, pero simbióticamente entrelazados, que se nos hace dificultoso identificarlos individualmente, sin a veces caer peligrosamente en las misrepresentaciones, que hoy se adelantan bajo nuevas posturas teóricas, sin considerar su genealogía de condiciones sincrónicas y diacrónicas.

Las nuevas teorías posmodernas miran a la modernidad, como algo del pasado en su desencanto con las meta-teorías deterministas y reduccionista del pasado, en vez de una re-evaluación avanzada de la dialéctica materialista dentro de las mismas condiciones de la modernidad, como la proponen Anthony Giddens con su versión, 'postradicional' y David Harvey con su interpretación, 'posfordista' y hasta cierto punto, las posiciones de carácter neo marxistas posestructuralistas de Baudrillard, donde visualiza a las economías capitalistas avanzadas, en una donde ya no prevalece las modos de producción capitalista del marxismo ortodoxo y en donde se promueve los modos de consumo de los bienes del capital, dentro de un 'simulacro' que conlleva a la subjetivación del objeto. David Harvey, ve y comprende claramente, como la transición original del capitalismo moderno ha cambiado, al cual es debido en lo que él llama la;

"compresión del espacio y tiempo", (algo parecido a Giddens) pero que no ha dejado de ser parte de la evolución dialéctica del capitalismo mismo dentro de la modernidad. Desde la modernidad Fordista de las economías de escala, hasta la acumulación flexible de las economías de alcance. Estos cambios han traído cambios tanto económicos, como psico sociales y hasta teóricos. Desde evoluciones de la paranoico hasta lo esquizofrénico y de las meta-teorías hasta los juegos lingüísticos.

FORDISMO	POS-FORDISMO
Modernidad Fordista	Acumulación Flexible
Economías de Escala	Economías de Alcance
Paranoia	Esquizofrenia
Propósito	Juego
Poder del Estado	Poder Financiero
Uniones Obreras	Individualismo
Estado Benefactor	Neo-Conservadorismo
Ética	Estética
Producción	Reproducción
Originalidad	"Pastiche"
Cuello Azul	Cuello Blanco
Centralización	Descentralización
Totalización	Desconstrucción
Negociación Colectiva	Contratos Locales
Administración Operacional	Administración Estratégica
Meta-Teorías	Juegos Lingüísticos
Utopías	Espectáculo
Consumo Colectivo	Capital Simbólico
Función	Ficción
Producción Mecánica	Producción Electrónica Digital
Convertirse	Ser

Regulación	Desregulación
Renovación Urbana	Revitalización Urbana
Intervención del Estado	Laissez-Faire

(Harvey, 1990: Table 4)

Mi único acuerdo principal con la propuesta posmoderna es la negación de las posiciones meta-teóricas, en donde las teorías críticas socio culturales deberían ser consideradas tan solo como *perspectivas* interpretativas, no como las propone Clifford Geertz, pero simplemente como *perspectivas*, donde personalmente más bien me veo teóricamente aliado hasta cierto punto con el pensamiento filosófico de Karl Popper, que lo único que podemos hacer como investigadores científicos, es re-colectar data, analizarla y criticar la *perspectiva* propia de una realidad objetivada subjetivamente, pero que en todos los casos dichas *perspectivas* contienen una validez parcial, pero no absoluta y continuamente expuestas a la falseabilidad. Es aquí donde se puede adelantar el pensamiento crítico moderno, no descartando la evolución de pensamiento del pasado, pero adelantándolos dentro de una evolución dialéctica dentro de espacios temporales precisos y mediante múltiples perspectivas. Teóricamente, personalmente me acerco de manera no exclusiva a las propuestas de la *objetivación participativa* (1977) de Bourdieu, que ha influenciado a la antropología moderna dentro de sus posiciones investigativas etnográficas como una teoría de la práctica, pero entrelazada muy de cerca con una teoría del conocimiento mayormente concebida dentro del tratado de la sociología del conocimiento expresado en Berger y Luckmann (1996).

A pesar de las múltiples *perspectivas* de la realidad social que percibimos, es precisamente en el mundo académico donde existe una continuación 'enfermiza' de otorgar etiquetas de maneras etnocéntricas, de posturas demagógicas, pedantes y paternalistas, con continúas luchas ideológicas, que en vez de adelantar el pensamiento teórico crítico, lo limitan y lo reducen, en vez de comprenderlo como partes de una perspectiva socio cultural de una realidad elusiva, o como expresaría Mannheim en "Ideología y Utopía"; que el conocimiento proviene de ciertas posiciones y que el objeto que pensamos y analizamos, se convierte progresivamente más claro con la acumulación de diferentes perspectivas sobre el objeto mismo.

En una entrevista que Loic Wacquant que le hace a Pierre Bourdieu, el comenta sobre su escrito "Homo Academicus", y la relación de los investigadores sociales dentro del mundo académico y nos dice:

> "En academia, los individuos se combaten continuamente sobre la pregunta de quien, en el universo, tiene el mandato social, autorización, de decir la verdad sobre el mundo social…Para intervenir en el cómo sociólogo carga naturalmente la tentación de reclamar para sí mismo el rol de árbitro neutral, de juez, para distribuir la verdad y la mentira" (Wacquant, 1989: 34).

Otro de los problemas que también se ve en el análisis investigativo aparenta ser que en muchas ocasiones, comenzamos nuestro análisis desde un punto de vista histórico social en particular, aduciendo a priori que la data y los análisis investigativo del pasado eran objetivamente correctos en ese momento particular. En dichas instancias la finalidad de nuestra investigación quedaría anulada basada en que nuestro comienzo investigativo estaba mal o erróneamente fundamentado, así distorsionando el análisis mismo. Por ejemplo, si en años atrás hubiéramos creado un análisis investigativo social sobre las condiciones mentales de la mujer en la sociedad puertorriqueña a principios del siglo XX, basándose en los postulados del DMS I concernientes a la *histeria*, hoy veríamos su invalidez, por la sencilla razón de haber partido a priori, basándose que la histeria era una enfermedad mental probada medicamente. O como aquella que más me ha impresionado históricamente, cuando en los múltiples libros de la crítica del arte sobre los "frescos" de la Capilla Sixtina de Miguel Ángel, que se comentaban dentro de un análisis experto e investigativo sobre los aparentemente colores obscuros utilizados por el pintor y que luego quedaron al descubierto cuando el Vaticano comisionó su limpieza y encontraron sorprendidos los colores vibrantes al cual originalmente se habían creado. Me imagino que para un investigador y crítico del arte que habría dedicado su vida entera a dicho proyecto y reconocido mundialmente como experto de los "frescos" de Miguel Ángel, pudiera haber considerado un suicidio, al ver que los esfuerzos de una vida y dedicación pasional quedaran desconstruidas, por una mera limpieza 'primaveral', que con los siglos era necesaria. Dentro de su reflexión crítica, nunca pudo imaginar, que una simple limpieza delataría, que el humo de las velas a través del tiempo pudiera haber "nublado" tanta dedicación investigativa, a una conclusión incorrecta. Es por tanto que hoy, la investigación histórica moderna tiende metodológicamente a desconstruir las narrativas interpretativas de la objetividad subjetivada investigativas del pasado y a su paso comienza a re-escribir una nueva interpretación de la historia misma, causando un nuevo análisis, estableciendo nuestras propias limitaciones humanas, al cual era la preocupación esencial de Popper.

Hoy esta preocupación, es parte de nuestro análisis teórico de la dicotomía objeto/sujeto, pero inconscientemente caemos en las trincheras de una confiabilidad consciente/inconsciente de la data misma y por otra parte existe la sospechosa actitud de no depender de ellas, sino depender de las especulaciones intelectuales que nos trae por ejemplo el posmodernismo puertorriqueño, que cae directamente en la problemática de la subjetividad objetivada de sus mismos postulados y su desconfiabilidad de un método critico, como defendiendo una ideología escondida dentro de sus propias alegaciones, que se critica como una cobardía a la investigación critica, por así no tener que delatar sus propias intenciones. El posmodernismo puertorriqueño en general, parece haber encontrado una conceptualización teórica, que le brinda un espacio o "loop hole", para promover una ideología política particular, o sea, un anexionismo de carácter colonial, que históricamente ha sido aborrecido por la inmensa mayoría ideológica política *global*. Inclusive, estos son los sentimientos de la misma nación a la cual se quiere anexionar, que las comprende como tendencias ideológicas de los Benedict Arnold o traidores de las conceptualizaciones de identidad política dentro de un mosaico cultural de una nación, y que ahora irónicamente, ese mismo país, es el que ha sometido socio política y económicamente a la nuestra. La cuestión de la objetividad ha sido una preocupación para muchos pensadores, entre ellos Karl Popper que nos dice; "La objetividad de la ciencia, no es la labor del científico individual, pero más bien el resultado social de mutua critica, de una amigable/hostil división de la labor científica, de su cooperación, tanto como su competencia." (Popper, 1996: 72)

O como nos advertía Manuel Maldonado Denis, en un pasado no tanto atrás, refiriéndose a las ponencias al respecto, de Marcuse y Darcy Ribiero:

> "Quizá, nada ilustra mejor el punto recién sentado que la recepción del positivismo en la América Latina. Como ha señalado Marcuse en su libro *Razón y Revolución,* el positivismo surge en el ámbito europeo como una ideología antidialéctica y de profundas implicaciones conservadoras"…, "en las naciones inmersas en el subdesarrollo y amenazadas de perpetuarse en él, debido a las presiones de grupos de intereses externos e internos mancomunados para

> mantener intocado un orden social que los coloca en una situación de privilegio"
>
> (Maldonado Denis, 1969: 190)

Este espacio o "loop hole" que brindan las ideas de Lyotard y Jameson y que fueron expresadas anteriormente por el pesimismo la "Escuela de Pensamiento de Frankfurt" , al cual Adorno y Horkheimer, intentaba construir una dialéctica negativa de la 'irracionalidad de lo racional', donde existe una desconfianza a las meta narrativas teóricas muy justificadas, que existen dentro de las últimas etapas dialécticas del capitalismo moderno, específicamente en países de alto desarrollo económico capitalista, en donde la exportación del capital en la producción de bienes se transfieren a los países en desarrollo, como estrategias de la plusvalía de ganancias y las explotaciones obrero/laborales, para crear una economía de consumo competitiva global, creando nuevas tecnologías de consumo y de control social, domesticando al individuo a entregar sus libertades generadas históricamente a través y después del periodo del "iluminismo", para garantizar sus agendas económicas globales de consumo, en donde ellos pretenden a través de dichos controles de domesticación socios culturales, una nueva identidad, ya no de concepciones nacionalistas políticas dentro de un espacio en particular con ciertos rasgos culturales similares, pero aquellas de posturas de una identidad social cultural global cosmopolita con bases económicas, en donde se establece un neo colonialismo de una dependencia económica, especialmente entre los países en desarrollo y unos controles de domesticación socios culturales dentro de los mismos países capitalistas, donde se convierte al sujeto en el objeto de la subjetivación misma.

> "En el contexto actual, la cultura global no puede ser realmente cosmopolita sin ser imperialista y es por lo tanto un orden cultural continuamente resistido. Para Smith, no todo se "disuelve en el aire"; la etnicidad y la religión se han

resistido a asimilarse al *ethos* secular y universalista de la modernidad. La llamada "globalización" no disminuye la importancia de lo étnico. Las identidades étnicas surgen de los bordes de la interacción social y la intensificación de los contactos entre distintos grupos no disminuye la importancia de la construcción de los bordes; más bien lo hace más importante." (Carrión, 1999: 75)

Es por tanto, la importancia que nos deja Michel Foucault, en sus "genealogías arqueológicas" de influencias Nietzcherianas, en crear cierto análisis histórico estructurales, en vez de la tradición Marxista ahistórica, para así comprender complejidades hegemónicas de luchas de poder en el desarrollo evolutivo de ciertas realidades de transformaciones socio culturales contemporáneas, como por ejemplo sus interpretaciones genealógicas, del desarrollo de la 'disciplina y el castigo', o el origen de la clínica mental, y su impacto en el desarrollo y transformaciones espacio/tiempo de las realidades socios culturales, ya que al final de cuentas, toda sociología y antropología es histórica y toda historia es sociológica y cultural.

Por una parte la teoría de la práctica (subjetividad) intenta descifrar las maneras en que los humanos crean sus relaciones sociales político/económicas y hasta qué medida dichas relaciones afectan a los agentes [humanos]. En dicha relación se asume una dialéctica entre las estructuras o campos (como Bourdieu prefiere) y la acción humana, donde dicha dialéctica crea las relaciones actuales, pero continuamente evoluciona en ambas partes de la dialéctica misma, creando nuevas relaciones y continuamente cambiando ambas partes. Dicha dialéctica están enmarcadas en situaciones espaciales/temporales, donde se demanda un entendimiento sobre las relaciones de "poder". Por la otra parte, la teoría del conocimiento (objetividad), se concentra con el análisis de la construcción social de dichas realidades, especialmente concentrado entre la relación entre el pensamiento humano y el contexto social al cual se percibe.

La teoría de conocimiento reconoce que la sociedad existe tanto objetivamente, como también de manera subjetiva, y en donde se comprende que es parte de un proceso dialectico continuo que se componen de tres momentos; la externalizarían, la objetivación, y la internalización, en donde el individuo simultáneamente externaliza su existencia en la sociedad y la internaliza como una realidad objetiva, o sea, la participación social es entonces un proceso dialectico. El individuo se convierte en agente social dentro de una secuencia temporal/espacial donde internaliza el mundo exterior y mutuamente se identifica con otros participantes como participe social, en donde el mismo agente comienza a tomar una identidad reflejada de dicha sociedad, como en el caso de la identificación nacional puertorriqueña. Es aquí donde radican unos de nuestros mayores problemas, si acaso existe alguno. Si los agentes o actores sociales son producto directo de su propia construcción de la realidad social, podrían ellos mismos también transformar las condiciones sociales de su propia existencia, alterando drásticamente su relación dialéctica con las estructuras, quizás a través de una manifestación masiva o de movimiento social, en donde crearía luchas de poder hegemónicas sin tener una concientización objetiva/subjetiva de su propia identidad social política/económica.

¿No es acaso esta la problemática, que causa el pesimismo de las multi posturas innovadoras posmodernistas, o por el otro lado de las posiciones de re- aserciones materialistas de los teóricos de las meta narrativas del pasado? "Donde uno promueve las ideas que toda teoría pasada era el dominio totalitario de meta narrativas euro céntricas y el otro lo entiende sospechosamente de los esfuerzos de establecer una nueva teoría ideológica sin crear sospechas de ser cómplice del capitalismo global" (Hale, 1997: 570) y en donde penosamente vemos que se extiende y dedica más tiempo en contestar una pregunta teórica, que la pregunta de las consecuencias mismas y en donde las investigaciones, que ya han comenzado de ambos puntos de vista, deberían evitar las polarizaciones y comenzar un proyecto más allá de las ya expuestas. Al final de cuentas, dichas polarizaciones discursivas aparentan ser una consecuencia de la consciencia/inconsciente colonial al cual hemos sido sometidos y sus luchas/resistencias políticas que vemos dentro de la naturaleza política anticolonial puertorriqueña, que también se encuentra estancada, que en vez de adelantarlas, nos han ido paulatinamente retrasando. Como ya nos comentaba desde hace tiempo atrás, Robert Merton:

> "Estas controversias siguen la ruta, ya clásicamente identificada, del conflicto social. Al ataque sigue el contraataque, y hay una alineación progresiva de cada una de las partes en el conflicto. Puesto que el conflicto es público, se convierte más en una batalla de status que en una búsqueda de la verdad..., A otros se les estereotipa como especulativos incurables, que no se preocupan en absoluto de la evidencia que impone, o como personas comprometidas con doctrinas formuladas de tal manera que no hay modo de probar que son erróneas...,Ven en la labor del otro primordialmente aquello que su propio estereotipo hostil y los ha alertado para ver y entonces, prestamente, confunden 'la parte con el todo. En este proceso, cada grupo de sociólogos va perdiendo más y más su motivación para estudiar el trabajo del otro, puesto que es obvio que no hay sentido en hacerlo. Dan ojeadas a los escritos del grupo externo lo suficiente para encontrar municiones para sus nuevos ataques." (Merton, 1959:115-116)

A través de la teoría de práctica, al menos se podrían hacer consideraciones dentro de los contextos históricos y practicas particulares, dentro de una relación de espacio y tiempo para construir un panorama de las dinámicas hegemónicas de poder, tanto individual como estructural en un intento de alguna transformación social, ya que comprendemos que dichas estructuras son creadas, reproducidas, formadas, y radicalmente alteradas por los individuos mismos, que al mismo tiempo, suscitaría de inmediato la pregunta; ¿A qué? Ya que existe una falta de comprensión de las influencias subjetivas en lo que aparente ser una realidad objetiva.

Gramsci nos propone que en vez de concentrarnos exclusivamente en los discordes en contra de las instituciones políticas, que las fuerzas que controlan el cuerpo social tiene que trabajarse dentro de la sociedad civil misma, esa sociedad civil de los sistemas de educación, mediática, religión, salud, entre otras, como parte de las estructuras mismas. Entonces es preciso, confrontarlas y antagonizarlas como parte ideológica imprescindibles y necesarias de las estructuras políticas económicas.

Arlene Dávila, en su libro "Sponsered Identidies" (1997), nos comenta sobre esta politización dentro del Instituto de Cultura Puertorriqueña y sus extensiones culturales a través de los distintos municipios, de acuerdo a las posturas ideológicas políticas partidistas. Ella también nos presenta la realidad del consumismo cultural, que con nuevas técnicas de consumo y mercadeo de las multinacionales capitalistas y de su impacto entre las masas populares, han creando festivales con referencias culturales en su continuo bombardeo de dichas técnicas de mercadeo, que incluyen directamente la asociación de la mediática puertorriqueña, como vehículo de penetración psicológica social destinadas a reconstruir la identidad nacional.

Son estos grupos de fuerzas, de conocimiento/poder, al cual las estructuras políticas se adhieran, para crear verdades arbitrarias y así creando sensaciones de la realidad misma. Bourdieu nos dice al respecto:

> "Todo orden establecido tiende a producirse en diferentes grados y de formas diferentes la naturalización de su propia arbitrariedad. De todas los mecanismos que tiende a producir este efecto, el más importante y mas escondido es sin duda la dialéctica de oportunidades objetivas y las aspiraciones de los agentes, por ejemplo, la correspondencia entre las clases objetivas y las clases internalizadas, estructuras sociales y estructuras mentales, que son la base de mas inradicable adherencia al orden establecido" (Bourdieu 1977: 164)

Unas de mis posturas más preocupantes al respecto, es la institularizacion internalizada de la realidad histórica concerniente a la identidad del 'jibaro' puertorriqueño y el intento de la burguesía criolla de internalizar una objetivación subjetiva de dicha identidad, sin ningún intento serio de desmitificarlo de una forma más agresiva de parte de la academia puertorriqueña, especialmente de la antropología y arqueología insular. Si bien es necesario, sin dudas comprender nuestras raíces indígenas, como también se ha investigado mucho mas de nuestras raíces africanas, que de la misma realidad cultural del jibaro, al cual es aquella que la burguesía nacional ha utilizado en su empeño histórico de construir una identidad cultural nacional totalmente subjetivada y arbitraria. Como es posible que las clases burguesas criollas vieran con suma importancia la utilidad política del 'jibaro' como una subcultura latente social y cultural y que en su mayoría solamente las conocemos a través de las artes y literatura populares burguesas, sin unas discusiones o investigaciones socios culturales con la debida seriedad al cual se merece. Es por dicha razón, que el poder aparentemente aparece sobre caer en lo mismo que calla, y previene y obstaculiza al individuo de pensar y decir, lo que establece distante de los límites de la racionalidad y lo creíble, o sea, creando una racionalidad de una irracionalidad, que se convierte en racional. Por otra parte, no quiero caer en una posición paternalista parroquial, ya que dichas investigaciones no necesariamente nos traería nuevas explicaciones a la dinámica de una discusión investigativa, aunque aparenta ser meritoria una narrativa más amplia al particular.

Increíble y irónicamente, el primer intento etnográfico de impacto significante (al menos para la burguesía criolla), aunque de manera inconsciente, fue creado por Julian Steward, dentro de sus teorías positivistas del "materialismo cultural ecológico", que compartió en su tiempo con los antropólogos norteamericanos; Leslie White, Marvin Harris y Roy Rappaport, y que lleno de terror político cultural a la burguesía intelectual criolla, que entonces intentaba disipar aquella "doxa", en un intento de crear una identidad cultural homogénea para hacer ver las experiencias del mundo tradicional como un mundo natural y adaptarlo como una concepción, ya dada por sentada por la narrativa discursiva burguesa.

Quizás nuestro primer antropólogo empírico, lo fue consciente o inconscientemente, el fotógrafo Jack Delano, que a través de lo que considero una excepcional antropología visual (fotografía y filme), nos trajo unas muy reveladoras imágenes de aquel 'jibaro', que aparecían ser para muchos, de una naturaleza fantasmagóricas y como se ha dicho frecuentemente sobre las fotografías mismas; que en muchas instancias dicen mucho más que mil palabras.

Una de las más dramáticas observaciones dentro de la fotografía de Delano en las zonas montañosas del campesinado puertorriqueño, o sea, el supuesto 'jibaro', era su composición fenotípica. Este aparentaba ser un individuo de una composición fenotípica europea. A través de la fotografía de Delano se denota que hubiese algunos individuos de composiciones fenotípicas de tez más obscura en las zonas montañosas, pero la mayoría de los individuos de extracción africana, al menos en la fotografía de Delano, se encontraban en las áreas más urbanas y costeras de la isla y no en la zona montañosa. Entonces, quien eran estos individuos de posiblemente extracción europea, pero no pertenecientes a las burguesías criollas nacionales; de un campesinado, que aparentaba recluirse y distanciarse en el interior montañoso del país, con una percepción psicosocial fóbica. Cuáles eran sus motivos y razones, de tal aislamiento y hasta sospechosos de un aislamiento de fuertes incomunicación social. Naturalmente comprendo de las migraciones existentes criollas burguesas (hacendados) en estas áreas geográficas, pero el de las fotografías de Delano, no eran definitivamente de ser rasgos socio/económicas burguesas. Su vestimenta y el consumo de bienes, o sea su 'materialismo cultural', aparentaban ser las condiciones de clases pobres por las condiciones visualizadas y observadas dentro y alrededor del entorno ecológico al cual habitaban.

¿Que era verdaderamente, lo que las clases burguesas encontraban fascinantes de estas poblaciones? ¿Acaso las clases burguesas se habían percibido de una cultura bien definida, al cual ellos no se identificaban, a pesar de décadas o siglos en la misma región? Sabemos que "El Gibaro" de Manuel Alonso, era una narrativa de costumbres y tradiciones más bien de tonalidades españolas, aunque regionalizadas. ¿Era quizás "El Gibaro" de Alonso una narrativa de desesperación psico social, ante el prejuicio imperialista de su amada "Madre Patria", cuando estudiaba en España? ¿Acaso no es este el inicio de la docilidad criolla ante el poder colonialista y sus posturas políticas? Sabemos históricamente que a través de la colonización Europea en América, si existieron condiciones socios económicos similares a la de criollismo puertorriqueño, pero cuales fueron los elementos que diferenciaron el criollismo puertorriqueño y de otras. ¿Acaso fueron las condiciones económicas, políticas y militares del momento, combinadas con la hetereogenialidad de etnias y diferencias de clases sociales que llevaron al criollismo burgués puertorriqueño, a un derrotismo y conformismo dentro de una psicología social de docilidad, o quizás fue simplemente un oportunismo político? Si miramos a través de la historia política de Puerto Rico, siempre nos tropezamos con las actitudes de autonomías políticas latentes en el pensamiento político de la burguesía nacional, nuevamente quizás, por docilidad u oportunismo político, o muy posiblemente por ambas.

Mi labor aquí no es para juzgar ética y moralmente dichas disposiciones psico sociales, ya que la data me es insuficiente para comprender plenamente dichas posturas ideológicas. También podemos sentarnos y comentar sobre las gestas políticas separatistas y momentos de épicas y gestas "nacionalistas", pero querer argumentar que eran dotadas de una identidad nacional y llamarlas nacionalistas, me parecen mal fundadas e incompletas. Si estas gestiones hubieran sido fabricadas y llevadas a cabo incorporándose al campesinado (jibaro), etnias negras y mulatas, como también las clases marginadas pobres urbanas, quizás hoy pudiéramos haberlas llamadas probablemente "nacionalistas y patrióticas", pero tampoco podemos hacer esto, ya que también desconocemos a plenitud la disposición de la transformación cultural del 'jibaro' y de lo poco que conocemos de él, y que solo existieron a través de las voces subalternas, que cada día desaparecen, quedando en el olvido o en la memoria colectiva de algunos, a través de símbolos y experiencias perdidas, cada día más nebulosos y donde una etnografía esencialista se nos hace más difícil, y en donde un campesinado activo políticamente no se visualiza, como quizás el ejemplo Sandinista y que todavía es posible investigar a través de una historia oral de dichas voces subalternas basados en su memoria individual y colectiva. Quizás en el pasado las identidades políticas del campesinado tenían relieve investigativo en Latino América, como en los casos investigativos de, Eric Wolf y Sidney Mintz, pero esas quedaron tronchadas desde sus inicios por la base intelectual burguesa criolla y las aspiraciones norteamericanas de los laboratorios socios políticos económicos y la creación colonial inicial del Centro de Investigaciones Sociales en la Universidad de Puerto Rico.

Hoy concuerdo parcialmente con otros intelectuales puertorriqueños, que la llamada identidad nacional, fue en sus inicios una construcción socio cultural basada en una identidad política, pero que esta identidad a diferencias que en el resto de América, desde México hasta Tierra del Fuego, fue directamente influenciada por el coloniaje norteamericano directo en Puerto Rico y fortalecidos durante y después del último gobernante norteamericano en la isla, o sea Rexford Tugwell. Fue el mismo Tugwell que ideo y planifico, junto a la burguesía criolla, todavía históricamente docilitada, la premisa política principal de la burguesía criolla, o sea, su anhelada ínfula de meramente gobernar la colonia, como lacayos fieles a unas estructuras de poder superiores a las suyas, con sus actitudes eternamente dóciles, de no atreverse escapar de la garras del imperio mismo.

Hoy vemos como la discusión intelectual puertorriqueña se revuelve en las figuraciones de una identidad nacional, que si son existenciales, pero que han sido moldeadas forzosamente por las fuerzas bio/políticas de las administraciones políticas insulares y las directrices de un imperio silente, pero desgarrador. Si admito que dichas posturas aparentan ser de índoles poscoloniales, pero con la única diferencia, de que no somos una antigua colonia, pero que continuamos siéndola. Es por eso que nuestras estrategias ideológicas y racionalidad teórica intelectual no pueden o deberían ser en su totalidad de otras experiencias parcialmente relacionadas, sino la creación de unas posturas teóricas eclécticas o perspectivas teóricas alternas, que puedan incorporar nuestras realidades únicas y exclusivas.

Es por tanto, que aunque tengo diferencias, también tengo afinidades e inquietudes como aquellas que reseña Jorge Duany, en su ensayo bibliográfico; *"Después de la Modernidad: Debates Contemporáneos sobre Cultura y Política en Puerto Rico"* (1998). Estoy en acuerdo con ciertas aparentes posturas posmodernistas del "Puerto Rican Jam" (1997), en el sentido, que para establecer una cultura nacional se tiene que incorporar los diferentes sectores socio/culturales a la ecuación, pero que decir que la anexión política con los EEUU, es la alternativa más conveniente para adelantar ciertas gestas políticas sociales culturales contenida dentro de una supuesta   nacionalidad cosmopolita, que aparentan ser lo opuesto a la experiencia contemporánea internacional y que a mí me parecen construidas dentro de una demagogia politiquera, y más que nada, políticamente asociadas a la docilidad derrotista de una burguesía insular dizfrazada y sospechosamente analizadas teóricamente, como una justificación del anexionismo dosificado "pitiyanqui' y la emergente "Nueva Derecha" (New Right) neoliberal capitalista, que en vez de llamarlos posmodernista, prefiero llamarlos; *"Neomodernistas"*, donde en vez, de aquella voz de guerra revolucionaria que predicaba Wallace ante los escoceses; "Que es mejor morir libres, que vivir esclavos", los *"neomodernistas boricuas"* nos revelan las ya típicas llamadas políticas históricas dosificadas burguesas criollas que; "Es mejor vivir esclavo, que morir libre".

Aunque me parece que las actitudes hostiles y muchas veces una pedantería arrogante hacia el posmodernismo de parte del geógrafo radical, David Harvey, al cual son basadas dentro un reduccionismo y determinismo utópico Marxista, que en ocasiones aparentan ser hasta ortodoxas y no abiertas a críticas o autocriticas Leninistas de su parte, aunque por otro lado, nos trae ciertas aseveraciones muy polémicas e interesantes observaciones en sus posturas anti-posmodernistas que nos hacen pensar cuando nos dice;

> "Habido un mar de cambios cultural tanto como practicas políticos económicos desde alrededor 1972. Este mar de cambios está ligada a nuevas emergente formas dominantes a la cual conocemos espacio y tiempo. Mientras simultáneamente en el cambio de dimensiones de tiempo y espacio no es prueba de una conexión necesaria o

casual, fuertes aseveraciones a priori pueden ser aducidas para la proposición que hay alguna clase de relación entre el crecimiento de las formas culturales posmodernista, el surgimiento de modos más flexibles de acumulación de capital y un nuevo round de "compresiones de tiempo-espacio" en la organización del capitalismo. Pero estos cambios, cuando puestos en contra de las reglas básicas de la acumulación capitalista, aparecen más a ser cambios de apariencias superficiales en vez de señales de la aparición de alguna enteramente nueva sociedad poscapitalista o ni siquiera posindustrial." (Harvey, 1990: vii)

Naturalmente el posmodernismo de la "jalea boricua", nos podría acusar de un romanticismo irracional (al cual de inmediato tendrían un problema), ante su escondido, pero aparente neopositivismo pragmatista, pero que al menos mantendremos la fe y la esperanza en el poder/resistencia de constructivismo de los "agentes" (individuos) y sus capacidades revolucionarias y innovativas, que al sometimiento a las estructuras de poder colonial que nos somete con sus 'antropotecnicas' domesticadoras exclavizantes, que pretenden intercambiárnosla por una supuesta seguridad socio/económica, que ellos mismos continuamente amenazan y que aparenta promover desesperadamente este "neomodernismo" intelectual occidental etnocéntrico, que rehúsa concebir, que todavía coexiste dentro del modernismo capitalista avanzado que les dio vida y no de una supuesta posterioridad de la modernidad capitalista, al cual se le hace difícil explicar, sin tener que decirnos, que su dificultad se debe, a que nada se puede verdaderamente intentar explicar objetivamente, ni siquiera ellos mismos. O sea, y con todo el debido respeto y no con la intención de ofender a mis colegas, pero que metafóricamente, para aquel no versado dentro una posible pedantería intelectualista, eso es como un 'loco' que va a la corte, por algún crimen en contra de la humanidad y le dice al jurado, que ellos no lo pueden juzgar, porque ellos son tan locos como él y por tanto sus decisiones siempre serán subjetivas e injustas. En otras palabras, este no solamente quiere hornear el bizcocho y comérselo, este se nota que al final lo que quiere, es quedarse con toda la repostería, para así ellos poder repartir el pan a quienes ellos quieran.

Acaso no fue esa la misma visión histórica discursiva que tenía José Celso Barbosa sobre las relaciones raciales y sus posturas anexionista derrotista y que vivió en carne propia de parte de un burgués criollo independentista nacionalista, como José de Diego, contenida dentro de una violencia sublime, pero directa de su prejuicio racial. Hoy vemos que con todos los esfuerzos de los EEUU de liberarse de las políticas raciales de Jim Crowe, ese país se encuentra igual o más sometido racialmente que en el pasado, como el famoso grito discursivo de los movimientos sociales que demandan a los abusos policiales en contra de los afroamericanos (Eric Garner) de; "I can't breathe" ("no puedo respirar"). En Puerto Rico reconocemos el racismo existente, pero a nosotros no nos pueden ilustrar como adelantar dichas discordias, pero al contrario quizás EEUU, pueda aprender algo de nosotros y de nuestro sentido de tolerancia racial, ya que hasta cierto punto dentro de nuestro consciente/inconsciente psico/cultural, todos sabemos que el "que no tiene dinga, tiene mandinga".

Al final, lo que quiero decir, es que mi problema no es en contra del posmodernismo, que a mí me aparenta ser sino otra perspectiva teórica a considerar y analizar y que me parece que aun esta por ser completada a plenitud como una alternativa confiable y que verdaderamente comprenda su 'diferencias', y que no se convierta en otra postura de dominio ideológico reduccionista elitista, que ahora resulta pecaminosa criticarla debido a una defensiva basada en una serie de juegos lingüísticos. Pero mi problemática principal es que esta propuesta teórica es utilizada y digo nuevamente, de una manera sospechosa por algunos sectores de aparente interés, que se montan en dicho 'tren teórico social' de gran importancia en nuestra evolución teórico social, para plantear, promover e imponer sus ideologías políticas neoliberales y neoconservadoras con unas mascaras, arraigadas de una postura teórica, que nos trae noblemente sus inquietudes socio/culturales. Quizás en otra ocasión, les prometo que visitare este tema con más detalle, mientras tanto, no te atrevas a llamarme posmodernista, al menos por ahora, mientras tanto; "juega... y déjame jugar en paz".

Por el otro lado, contrario al posmodernismo anexionista, las posiciones de Luis Fernando Coss ("La Nación en la Orilla", 1996), continúan siendo aquellas, al cual ciertos sectores todavía no se han dado de cuenta, dentro de su posible auto critica Leninista, en "Que Hacer", de las fallas de los movimientos independentista socialistas puertorriqueños, que aunque eran dirigidos por posturas revolucionarias nobles, de una conciencia materialista de clases sociales, eran dirigidas por la misma burguesía intelectual elitista insular al cual realmente nunca se identifico con las masas obreras (con cierta excepción de Albizu, a priori 1950) y al cual en varios círculos (revolucionarios) también se cuestiono su propia identificación social y cultural con las masas populares al cual mantenía representar, como también de sus posturas, pedantes y "intelectualistas", que tuvieron auge durante las representaciones estudiantiles universitarias y que aquí expreso con el debido respeto, a través de una crítica constructiva de naturaleza Marxista/Leninista, al cual tiene su auge dentro del pensamiento pesimistas judío, de la "Escuela de Frankfort, que en el pasado Teodoro Adorno y hoy Jurgen Habermas perdieron sus esperanzas y donde uno de sus primeros pensadores, como Herbert Marcuse – que ha sido incluso como teórico de esta "revolución estudiantil" y de la Nueva Izquierda Intelectual que aquella hizo nacer en el mundo occidental". (Santamaría, 1990: 562) Aparte que el reduccionismo determinista del Marxismo ortodoxo, ya ha caído en desfavor hasta dentro del intelectualismo europeo que lo apoyaba en occidente desde los días de francés, Henri Lefebvre y su horror con el "Stalinlismo", y que solo existe parcialmente en Cuba, en que cada día muestran adelantar sus posturas de aquel marxismo ortodoxo, a un socialismo Martiano nacionalista con visiones de un Marxismo de orientación capitalista, como la existente en China. El otro problema de Coss, es la comprensión, que la aludida y clamada identidad nacional al cual él se refriere, era una de naturaleza política burguesa, que provenía y solo existía dentro de las relaciones hegemónicas políticas burguesas criollas mismas y no de las masas populares mayoritarias.

La problemática esencial, de aquel que busca centralizar y adelantar el pensamiento teórico en vez de las polarizaciones entre los dos bandos, y como también este servidor, gratuitamente y bienvenida sea, también cogemos nuestra "agüita" bien merecida, ya que consciente o inconsciente a veces personalmente me "esmando" atrevidamente, sin poder comprender que pueda estar polarizando y antagonizando el pensamiento crítico, que en vez de buscar harmonía y colaboración dentro de una "Torre", ya no tanto de 'marfil', pero una que se parece más como la de Babel. Al respecto Robert Merton decía:

> "Pero lo que sucede es que, típicamente, los que se negarían a combatir se hallan cogidos en los fuegos cruzados de los bandos hostiles. De acuerdo con el vocabulario abusivo de la facción que en ese momento predomine, tales sociólogos quedan tachados de "meros eclécticos", y el epíteto, conforme a convención, hace innecesario examinar la cuestión de lo que afirma o de hasta qué punto es verdad; o, se les tilda de renegados, que han abandonado a la verdad sociológica; o, tal vez, lo peor, son moderados, centristas, o neutrales, quienes por timidez o conveniencia se niegan a ver que están rehuyendo el conflicto

fundamental entre el prístino bien y el mal sociológicos." (Merton, 1959: 117)

Al menos a mí personalmente, no creo que se me podrían acusar de ser; "moderados, centristas, o neutrales, quienes por timidez o conveniencia se niegan a ver que están rehuyendo el conflicto fundamental entre el prístino bien y el mal sociológicos.", y que aunque detesto la "tiraera" infantil, demagógica y pedante; yo de dócil, no tengo nada, ya que como dice Merton, creo que; "el conflicto es lo que enciende la chispa de la verdad" y para mí, mis pensamientos siempre estarán abiertas a discusiones críticas, al cual siempre estarán bienvenidas, después que no nos lleven a banalidades intelectualistas producidos socialmente dentro de las "torres de marfil" del aquel supuesto "bullying" del "prestigioso pedantismo intelectual", al cual no nos lleven noblemente adelantar el pensamiento crítico y de conocimiento y solo son producidas para adelantar las ínfulas de grandeza de aquellos que las exponen.

Concuerdo con Duany, en su ensayo de las reseñas teóricas de la identidad, que las mejores exposiciones provienen de Arlene Dávila y Francés Aparicio. Ambas hacen un análisis teórico critico, especialmente la labor etnográfica de Dávila, que nos muestra la continuidad de la construcción de una identidad cultural de la docilidad con reseñas sumamente políticas partidistas insulares y entrelazadas a la emersión imperialista del 'capitalismo de consumo', dentro de las últimas etapas del capitalismo moderno de la metrópoli norteamericana, al cual los partidos de poder muestran su continua docilidad y inhabilidad socio política económica de separarse de ellos, basados en el poder colonial económico que se imponen sobre la isla, o sea, aquella 'violencia simbólica' de aquellas antropotécnicas de domesticación del capitalismo avanzado.

En "Listening to Salsa" (1998), de Francés Aparicio, se puede escuchar las "voces" subalternas de las masas populares, como periódico social de esencialismo etnográfico de diferentes sectores sociales puertorriqueño. En dicho análisis, Aparicio ve como ha percibido este servidor, los énfasis de ciertos sectores en un esfuerzo de establecer que la "salsa no era puertorriqueña, pero música cubana" intentando negar la identidad de las masas oficialmente no representadas por la identidad de docilidad colonial criollas burguesas. (Aparicio, 1998: 66)

Como observa Ruth Glasser en relación con estas posturas posmodernistas:

> "Ellos toman la música puertorriqueña fuera de su contexto histórico, un contexto que propiamente incluye a lo que le pasa a las expresiones culturales dentro de una sociedad colonial. Inconscientemente, dichos escritores hacen la música puertorriqueña la perdedora en un esquema Darwinista ahistorica que paralela de cerca las condenaciones de las ciencias sociales de los puertorriqueños como un grupo étnico fracasado." (Glasser, 1995: 3)

Ellos miran a la relación puertorriqueña, como aquella debilitada e incapaz, por el hecho de ser una identidad política colonial, de no tener la capacidad de generar una concepción musical propia, como si la condición colonial ha sido una realidad dentro de las fusiones musicales Latinoamericanas. Si miramos a Cuba, vemos las influencias francesas de Haití, no solamente de las tumbas francesas en sus carnavales de Santiago, pero en las vocalizaciones fonéticas del "son", como el caso de los originales cantantes del "son", específicamente "Saldiguera", con el bongocero santiaguero "Chengui" (escuche el número original de "Pastorita"). O de la influencia del "meringue" haitiano en el desarrollo del merengue dominicano, o sea, las apropiaciones transnacionales musicales, no son nada nuevo, como el posmodernismo globalista, nos quiere sugerir, sino parte de las transformaciones culturales históricas que ciertos grupos o etnias han ido apropiando en sus procesos transformadores de sus propias identidades culturales.

La "salsa" es un fenómeno de una fusión musical especifica, aunque no exclusivamente puertorriqueña, y muy distintivas a las experiencias culturales de este formato musical en Cuba, Colombia, Venezuela y Panamá. Inclusive las experiencias de esta música, es distinta entre los puertorriqueños en EEUU y Puerto Rico, ya que la cultura ha sido siempre negociada, renegociada, evolutiva y dialéctica dentro de las relaciones de un espacio y tiempo en particular. La "salsa" boricua, parece ser una capacidad casi innata (sin llegar a ser positivista) del puertorriqueño, que como identidades o agentes musicales continuamente expuestos a diferentes formatos musicales, aceleramos en la capacidad de crear nuevas fusiones musicales excepcionales con "timbres" de gustos consumistas universales. La "salsa" boricua es en esencia (no exclusiva), una combinación fusionar de los ritmos de la música africana con elementos técnicos y instrumentaciones europeas, como la Afro Cubana (rumba y son), Afro Puertorriqueñas (bomba y plena), y Afro Americanas (jazz, góspel y R&B) dentro de los procesos y sus exposiciones demográficas locales y transnacionales a través del espacio y tiempo. Yo de solo escuchar "salsa" boricua (El Gran Combo), puedo distinguir su sonido inmediatamente, del songo cubano (Van Van) y de la "salsa" venezolana (Oscar de León) y colombiana (Niche), que también han ido fusionando su música, por diversas razones, dentro del espacio y tiempo cultural donde se generan.

Lo más semejante para mí, a la "salsa" boricua, es el "guaguancó son" de la orquesta santiaguera, "Son 14", aunque inmediatamente se denota que tiene sus diferencias auditivas musicales. Inclusive, hoy en día se puede notar la influencia de la "salsa" boricua en la música contemporánea de "Son 14", tanto como en toda Cuba, que lo único que parece tener continuidad desde los días de Adalberto Álvarez, es la voz indiscutibles del "Tiburón" Morales.

Para mí, la "salsa", parece ser una *resistencia* cultural de ciertos sectores socio culturales de la sociedad puertorriqueña no burguesa y pequeño burguesa, como lo ha sido contemporáneamente el "reggaetón" en contra del *poder controlador* de identidad política/económica y socio/cultural de dicha burguesía, o como dice Rubén Blades; de aquellos "chicos plásticos que hay por ahí".

Es en esta resistencia cultural de las masas populares no burguesas, sea la "salsa" del pasado inmediato o del "reggaetón" moderno original o la expresión radical de la supuesta música urbana, de connotaciones política culturales contemporáneas como, René Pérez y "Calle 13", son indicativos de unas resistencias de hegemonías de "conocimiento/poder", conscientes/inconscientes, de una dialéctica entre la docilidad de identidad política burguesa y la identidades culturales heterogéneas de los diferentes sectores de las sociedad puertorriqueña a través del espacio y tiempo, en la búsqueda aparentes de una identidad cultural y política homogéneas. Hoy, esta resistencia se ve hasta en el "rock" latino puertorriqueño, que en vez de ser creadas por fuerzas culturales globales cospolitanas, son como en Argentina, donde la prohibición del "tango" de parte de las fuerzas represivas del estado dictatorial fascista militar del pasado, como identidades políticas de resistencias peligrosas, y donde se adopta de parte de ciertos sectores urbanos como una voz de protesta en contra de las dictaduras militares neo-coloniales. Este "rock" latino puertorriqueño, que aunque aparentan ser en sus orígenes de clases burguesas urbanas, siempre han incluido individuos de diferentes sectores de clases sociales y raciales como; "Los Sunsets" que se identificaron con ciertas realidades tempo/espaciales socio políticas económicas y culturales, que hoy son expresadas aun más radicalmente por; "Fiel a la Vega" y "Cultura Profética".

La problemática mayor de la política burguesa colonial es su empeño de crear una identidad cultural, al cual continua presente y propagada por ciertos sectores de la sociedad civil, como la mediática (prensa, televisión y radio), la educación pública y hasta universitaria, las instituciones religiosas liberales que se unifican con la burguesía criolla, especialmente aquellas de naturaleza de políticas conservadoras del protestantismo norteamericano, que irónicamente se unen con el Republicanismo político norteamericano, que ve a las minorías sociales y étnicas marginadas, como las puertorriqueños en EEUU, con ciertas políticas económicas de prejuicios sociales y étnicas. También están los sectores o instituciones legislativas politizadas, judiciales, correccionales y de salud pública y privada, que crean leyes para preservar su poder controlador, a través de un sistema judicial de marcada desigualdad entre las clases sociales puertorriqueñas, donde los más marginados socio económicos, son las víctimas de un poder político económico de las mismas clases burguesas nacionales, sus descendientes y sus colaboradores "wanabi", que introducen estratégicamente nuevas tecnologías de domesticación psicosocial bio/políticas, con posturas de una violencia simbólica que limitan las mismas libertades del individuo, basándose en la inseguridad social, al cual ellos mismos han creado y que son promovidas a través de los sistemas y grupos sociales civiles, que simbólicamente violentan en contra de la salud social, física y mental del pueblo puertorriqueño.

Hoy, nuestra realidad socio política/económica, socio/cultural, se muestra con una cierta melancolía pesimista y derrotista. No es que no existan soluciones positivas, que nos puedan adelantar dentro de unas posturas radicales, que nos saquen de esta impotencia de las docilidades, impuestas a través de las estructuras históricas de poder colonial criollas burguesas y sus falsas alegaciones impositivas de crear una identidad cultural de naturaleza enfermiza, al cual han creado un diagnostico psicosocial de una 'neurosis colectiva', al cual todavía se discute dentro de las estructuras de las "torres de marfil", sin a veces comprender o concebir, el desarrollo de una identidad de resistencia que todavía se percibe y se escucha socio culturalmente.

Hoy tenemos que salir y alejarnos de nuestros mundos de simulacros psico/sociales, que tanto enajenan y duermen a nuestra juventud y hasta los no muy jóvenes, creados por las híper/realidades del consumismo irracional y las tecnologías domesticadoras, que se extienden a través de la agresión sistemática del capitalismo moderno de consumo pos Fordistas. Hay que crear nuevas estrategias, donde es necesaria la participación masiva de la "vanguardia" puertorriqueña, sea política o socio cultural, a penetrar los sistemas de las sociedades civiles alienantes, demandándolos a cambiar sus propagaciones de una cultura de docilidad, a través de una educación masiva de todos los niveles sociales culturales. Hay que buscar la confrontaciones 'agresivas', no solamente a las administraciones coloniales, pero también de las agencias sistemáticas civiles dosificadas, que si no van a generar cambios positivos, que no las obstaculicen con demagogias ideológicas, sostenidas y basadas en pensamientos de falsas libertades ya sean, teológicas o de teorías sociales intelectualizadas reaccionarias, que solo adelantan agendas propias, condenando política/económica y psicosocial/culturalmente a la mayoría poblacional de las masas populares, ya marginadas y destituidas.

Con el éxodo o destierro involuntario y forzado masivamente, al cual son claramente justificados económicamente de la población puertorriqueña en general, pero especialmente la clase obrera profesional (médicos, ingenieros y maestros), mayormente de extracción y desarrollo proletario y no necesariamente burguesa, al cual continúan dominando la colonia con sus antiguas estrategias de tácticas de las 'jerarquizaciones pseudo monárquicas' de control, tanto como sus estrategias tácticas del nepotismo, amiguismo y partidismo para todos aquellos dóciles lacayos "wanabi", utilizando continuamente los mismos mecanismos tecnológicos bio/político de la violencia simbólica, utilizadas para domesticarnos, llenando las estructuras gubernamentales laborales de su enfermiza docilidad, que ha dado claras muestras de su incompetencia, ineptitud y corrupción, que cada día vivimos desgraciadamente en nuestro país. Si no miren a las alcaldías de

Bayamón, Carolina, Canovanas y Caguas, donde papi se va de la alcaldía, y dejan a los nenes y a las nenes a cargo.

Quizás irónicamente, estas nuevas y distintivas migraciones, de las clases obreras especializadas y no especializadas, educadas y no educadas, bilingües y no bilingües, en su mayoría urbanas, pero también rurales, poder encontrar dentro de una Metrópolis heterogéneas e internacionales, una visión de una identidad cultural nacional que puedan cuestionar dentro de su propio exilio involuntario, de las condiciones y razones migratorias directamente asociadas a la docilidad política puertorriqueña. Donde ahora pueda sentir orgullo de desplegar su bandera, comprendiendo en 'carne propia' la injusticia de algún día ser llamados por aquellos todavía dosificados como; "puertorriqueños de allá". Donde puedan experimentar y percibir el prejuicio de parte del "otro", sea en la Metrópolis, como tanto en la isla, donde por fin puedan adquirir agresiva y defensivamente una identidad política que los saque de la docilidad y que defienda su verdadera identidad nacional, aquella de las multiplicidades étnicas socio económicas culturales que componen el pueblo puertorriqueño y no de aquellas inventadas y imaginadas por un grupo dócil que nos convirtió en 'agentes' de su propia invención e imaginación.

Al final, cuando hablamos de nuestra amada patria, los puertorriqueños nos alegramos de ser reconocidos como uno de los países más felices del mundo, que podría estar asociados directamente, a causa de la plaga de las drogas, el alcoholismo y el rampante mantengo economico que también reinan en el país, y al cual nos lleva a matarnos "alegremente" unos a los otros a niveles alarmantes, pero cuando hablamos de los puertorriqueños distinguidos contemporáneos y miramos entre los de aquí y los de allá, como que son mucho más los de allá los que ponen el nombre de nuestra patria en alto, que la contentura y alegría de los de aquí, y es entonces que como arte de magia, que estos dejan de ser los de allá y los convertimos en puertorriqueños "supreme", pero si fracasan o caen en algún desastre, vuelven a ser la bazofia de los de allá. Esta condición de docilidad identidaria disfuncional del puertorriqueño de aquí, los convierte en un buscón, oportunista, acomplejado, e insularista, que solamente en ocasiones convenientes y para su elevar su estima nacional disfuncional, aplaude y alaba a los héroes de allá, al cual nos hablan extrañamente con un acentito "agringoa" o con su típico "code switching" lingüístico, de intercambiar de inglés al español y del español al inglés. Hoy los grandes puertorriqueños al nivel internacional se llaman; Sonia Sotomayor (Jueza del Supremo norteamericano), Luis Gutiérrez (Congresista norteamericano), Jennifer López (actriz y cantante), Mónica Puig (tenista), Lin Manuel Miranda (actor y escritor), Ricky Martin (cantante), Benicio del Toro (actor), Víctor Cruz (futbolista norteamericano), Jack Arrieta (lanzador de beisbol), Rita Moreno (actriz), Joseph Acaba (astronauta), Chita Rivera (bailarina, cantante y actriz), entre otros. Mientras tanto, lo más que suena internacionalmente sobre Puerto Rico, es la ineptitud, incompetencia y corrupción del gobierno local "azul" (PNP) y "rojo" (PPD) y de la imposición de una "Junta de Control Fiscal" de parte de los EEUU, para que les pague las deudas que le debemos a sus amigotes de "Wall Street" al cual nos han cogido de idiota, al prestarles dinero a los futuros "próceres" de esta tierra, que en algún momento habrá que coger de nuevo prestados para hacerle una obra que lleven su nombre; ya que en este país es "prohibido olvidar".

Para liberarnos de la docilidad colonial burguesa criolla y concientizar a las masas, habrá que crear un cambio que acuda a su estima psico/social cultural colectiva (obreros, empresarios, géneros, estudiantes, todas las clases socio/económicas y etnias), en vez de la *neurosis colectiva* al cual se nos somete, por tanto hay que construir, inventar e imaginar un nuevo nacionalismo colectivo cultural popular, unificando las fragmentaciones de todos los sectores de la nación, para entonces lograr encontrar un nacionalismo colectivo político que nos rompa de las cadenas de este colonialismo dosificado que crearon las burguesías criollas, al cual nos asecha y que poco a poco nos intenta destruir física y mentalmente. Como decía Lenin; "quien rechaza el nacionalismo de un pueblo oprimido, apoya inevitablemente el nacionalismo del país opresor". Al final hay que encontrar colectivamente quiénes somos y confrontar aquellos que nos quieren convencer de quienes no somos, al final de cuentas, como decía Hegel; "Sin la historia del pueblo anónimo, no hay historia nacional".

Bibliografía

Adorno Th. W. *"Studies in the Authoritarian Personality"*, en: *GS* 9, p. 200.

Adorno, T. "Meinung Wahn Gesellschaft", en: *GS* 10, p. 580.

Álvarez Nazario, Manuel. *El Habla Campesina del País: Orígenes y Desarrollo del Español en Puerto Rico*, Rio Piedras: Editorial Universidad de Puerto Rico, 1990.

Alonso, Manuel A. *El Gibaro*, San Juan de Puerto Rico: Instituto de Cultura Puertorriqueña, 1974.
Althusser, Louis. *"Ideología y aparatos ideológicos del Estado"* en: *Posiciones*, México. Grijalbo. 1977

Anderson, Benedict. *"Imagined Communities: Reflections on the Origins and Spread of Nationalism"*. London: Verso, 1991

Aparicio, F., Listening to Salsa: Gender, Latin Popular Music, and Puerto Rican Cultures. Hanover, N.H.: Wesleyan University Press, 1988

Arendt, H. (1987). *Los Orígenes del Totalitarismo: Totalitarismo. Volumen. III.* Madrid, Alianza.

Bay, C. (1992). "Politics and Pseudo-politics: a critical evaluation of some behavioural literature". In *Approaches to the Study of Politics,* Bernard Susser (editor). New York, Macmillan Co. pp. 51-75

Baudrillard J., 1977. *"Cultura y Simulacro"*, Traducido por Pedro Rovira. Editorial Kairós, Barcelona, 1978 Ediciones originales: La precession des simulacres, Traverses, n° 10, fevrier 1978 L'effet Beaubourg, Editions Galilée, 1977

Berger, P., Luckmann, T., "The Social Construction of Reality: A Treatise in the Sociology of Knowledge". Anchor Books, Doubleday. New York, 1966

Blanco, Tomas. "Elogio a la Plena". Revista del Ateneo Puertorriqueño, I 1935 p. 97 – 106

Brown, Allison. "On Foucault", Wadsworth Philosophers Series. USA

2000.

Browning, Gary K, "*Lyotard and the End of Grand Narratives*". Cardiff: University of Wales Press, 2000.

Boas, Franz, *"The Mind of the Primitive Mind"*, New York: McMillan, 1911.

Bourdieu, P. "Outline of a Theory of Practice" Cambridge University Press, London. 1977.

Bourdieu, P., "Distinction". London, Routledge. 1979

Bourdieu, P., 1987b, *"Habitus, code, codification"*, Actes de la
Recherche en Sciences Sociales",
núm. 64

Bourdieu, Pierre. *"Sur la télévision, suivi de la empresi du journalisme"* (1996)

Bothwell, Reece. "Origenes y Desarrollo de los Partidos Políticos en Puerto Rico, Editorial Edil, Puerto Rico, 1987.

Carr, Raymond, "Puerto Rico: A Colonial Experiment", Vintage Books, New York, 1984.

Carrión, Juan M. *"El Imaginario Nacional Norteamericano y el Nacionalismo Puertorriqueño"*, Revista de Ciencias Sociales de la Universidad de Puerto Rico, Rio Piedras, Junio, 1999.

Carroll, Henry K., "Report on the Island of Puerto Rico" Washington D.C. Government Printing Office, 1899

Colon-Rios, J & Hevia, Martin, THE LEGAL STATUS OF PUERTO RICO AND THE INSTITUTIONAL REQUIREMENTS OF REPUBLICANISM Electronic copy available at http://ssrn.com/abstract=1088883

Corretjer, Juan Antonio. Albizu Campos, 2nd. Edición Revisada y Aumentada Editorial Coquí, Chicago, 1991

Coss, L.F., *La Nacion en la Orilla* (repuesta a los posmodernos pesimistas). San Juan: Punto de Encuentro, 1996.

Corcuff, Philippe, 1995, *"Les nouvelles Sociologies"*, París: Nathan

Curet, Eliezer, *"Economía. Política de Puerto Rico: 1950 a 2000"* Ediciones M.A.C., San Juan, Puerto Rico, 2003.

Daniel, Justin. *"Identidad Cultural e Identidad Política en Puerto Rico: Mitos y Realidades"* Revista de Ciencias Sociales, Universidad de Puerto Rico, Rio Piedras. 2003

Davila, Arlene M. *Sponsored Identities: Cultural Politics in Puerto Rico*, Philadelphia: Temple University Press, 1997

Delano, Jack. *Puerto Rico Mio: Four Decades of Change*, Washington: Smithsonian Institution Press, 1990.

Díaz Quiñones, Arcadio. *La memoria rota: Ensayos sobre cultura y política* (Río Piedras: Ediciones Huracán, 1993), 27-29.

Duany, J., *"Despues de la Modernidad: Debates Contemporaneos Sobre Cultura y Politica en Puerto Rico"*. Revista de Ciencias Sociales, Universidad de Puerto Rico, Rio Piedras. P. 218-41. 1998.

Fanon, Frantz. *"Black Skins, White Masks"* N.Y.: Grove Press, 1967.

Fernandez, Ronald. *The Disenchanted Island*, Praeger, Westportnno, Conneticut, 1997

Fernández, J.C. *"La noción de violencia simbólica en la obra de Pierre Bourdieu"* Cuadernos de Trabajo Social Vol. 18 (2005): 7-31

Fitzpatrick, J.P., *"Puerto Rican Americans: The Meaning of Migration to the Mainland"*. 2nd. Edition Englewood Cliffs, N.J. Prentice Hall, 1987.

Fuentes-Rohwer, Luis. *"THE LAND THAT DEMOCRATIC THEORY FORGOT"*
INDIANA UNIVERSITY MAURER SCHOOL OF LAW-BLOOMINGTON
LEGAL STUDIES RESEARCH PAPER SERIES,Research Paper Number 170 June 2010

Foucault, Michel. (1968): *La arqueología del saber*. México: Siglo XXI

Foucault, Michel, "Discipline and Punish: Birth of the Prison" Vintage Books, N.Y., 1995

Foucault, Michel, (1979): *Microfísica del poder*, Madrid, Las Ediciones de La Piqueta.

Foucault, M. 1979. "Enfermedad Mental y Personalidad". Buenos Aires: Paidos.

Guibernau, Montserrat. *"Anthony D. Smith on nations and national identity: a critical assessment"*. Nations and Nationalism 10 (1/2), 2004, 125–141. r ASEN 2004

Gramsci, A. *La Formación de los Intelectuales* (F.I.) Editorial Grijalbo, S. A. México, 1967.

Gellner, Ernest. *"Nations and Nationalisms"*. Ithaca: Cornell University, 1983.

Giddens, A. "La Constitucion de la Sociedad", Amorrotu, Buenos Aires, 1991.

Giménez, G. "Introducción a la Sociología de Pierre Bourdieu". Colección Pedagógica Universitaria, No. 37-38 Enero-Junio/Julio-Diciembre 2002.

Glazer, R. *"My Music is my Flag: Puerto Rican Musicians and Their New York Communities 1917-1940"*. University of California Press, Berkeley, CA. 1995

Green, Marcus. *"Gramsci Cannot Speak: Presentations and Interpretations of Gramsci's Concept of the Subaltern"*. RETHINKING MARXISM Volume 14, Number 3 (Fall 2002)

Gonzalez, Jose Luis. *Puerto Rico: The Four Storeyed Country*, Princeton, N.J.: Marcus Wiener Publishing, 1993

Guerra, Lillian. *Popular Expression and National Identity in Puerto Rico: The Struggle for Self, Community and Nation*, Gainesville: University Press of Florida, 1998.

Habermas, Jürgen, Modernity versus Postmodernity; Seyla Ben-Habib. New German Critique, No. 22, Special Issue on Modernism. (Winter, 1981), pp. 3-14

Habermas, Jürgen (1996). *"Die Einbeziehung des Anderen: Studien zur politischen Theorie"*.

Frankfurt a. M.

Hale, Charles. "*Cultural politics of identity in Latin America.*" Annual Reviews in Anthropology. 26:567-90. 1997

Harvey, David, "*Conditions of Postmodernity*", Blackwell Publishers, 1990

Hobsbawn, E. and Ranger, T. eds. "The Invention of Tradition" New York: Cambridge University, 1983.

Laclau E. 1977. *Politics and Ideology.* London:Verso

Laclau E. 1994. *The Making of Political Identities.* London: Verso Anómalas

Lapp, Michael. "*The Rise and Fall of Puerto Rico as a Social Laboratory, 1945-1965*". In Social Science History 19:2 (Summer 1995)

Lefebvre, Henri, "*Production of Space*", Blackwell Publishers, 1974

López, Adalberto. "The Puerto Ricans". Schenkman Books, Rochester VT, 1980.

Lyotard, Jean F. *"Postmodern Condition: A Report on Knowledge"*, trans. Geoff Bennington and Brian Massumi (Manchester: Manchester University Press, 1984).

Korstanje, Maximiliano. "*Riesgo y seguridad: Hannah Arendt y la construcción política*". Universidad de Palermo, Revista Observaciones Filosóficas - N° 15 / 2012 - 2013

Nuevo Día, Periódico. 27 febrero 1994: 8

Maldonado Denis, Manuel. "*Hacia una Sociología del Intelectual Latinoamericano*". Ponencia presentada ante el IX CONGRESO

LATINOAMERICANO DE SOCIOLOGIA (21 al 25 de Noviembre, 1969) México, D. F., México.

Mannheim, Karl. *"Ideology and Utopia"* (New York: Harcourt, Brace and World, 1929).

Márquez, René. 1961, *"El Puertorriqueño Dócil"*, Revista de Ciencias Sociales, Universidad de Puerto Rico. Rio Piedras. P.R.

Memmi, Albert. "The Colonizer and The Colonized", Boston: Beacon Press, 1970.

Merton, Robert. *"El Conflicto Social en Torno a los Estilos de la Obra Sociológica"*., Ponencia presentada en el Cuarto Congreso Mundial de Sociología, celebrado en septiembre de 1959 en Stresa, Italia. La traducción de esta" ponencia por el Sr. José E. González se basa en la versión en inglés, editada por el secretario de la I.S.A., T.B. Bottomore, de la Universidad de Londres.

Muntaner, F., Grosfoguel, R. *"Puerto Rican Jam: Essay on Culture and Politics"*. Minneapolis: University of Minnesota Press, 1997.

Pantojas Garcia, Emilio. *"La Iglesia Protestante y la Americanización de Puerto Rico"*, Revista de Ciencias Sociales, Universidad de Puerto Rico. Rio Piedras. P.R., 2001

Pedreira, Antonio S., "El año terrible del 87", biblioteca de Autores Puertorriqueños, S.J. 1937

Perloff, Harvey S. (1950). *Puerto Rico's Economic Future, A Study in Planned Development*. Chicago: The Univ. of Chicago Press.

Popper, K. *"Los dos problemas fundamentales de la Epistemología"* (trad. del alemán por Ma.
Asunción Albisu Aparicio), 1980

Popper, K. *"In Search of a Better World: Lectures and Essays from Thirty Years"*, Routledge, New York.

Portelli, Alessandro. "The Death of Luigi Tratulli and Other Stories: Form and t in Oral History" State University of New York Press, Albany, 1991.

Ransome, Paul (1992), *Antonio Gramsci: A new introduction*, Harvester Wheatsheaf, Hemel Hempstead, Hertfordshire

Rivera Ramos, Efren. *The Legal Construction of American Colonialism: The Insular Cases (1901-1922)*, 65 REV. JUR. U.P.R. 225, 225-226 (1996).

Rivera Ramos, Efren. *Deconstructing Colonialism: The 'Unincorporated Territory' as a Category of Domination, in* FOREIGN IN A DOMESTIC SENSE: PUERTO RICO, AMERICAN EXPANSION, AND THE CONSTITUTION (Christina Duffy Burnett et al. eds., 2001).

Rivera, Angel I., *"Puerto Rico ante los Retos del Siglo XXI: Cambio Economico, Cultural y Politico en los inicios del Nuevo Siglo"* Ediciones Nueva Aurora, Colombia, 2007.

Robin, C. (2009). *El Miedo: historia de una idea política.* México, fondo de Cultural Económica.

Sancholuz, Carolina. *Literatura e identidad nacional en Puerto Rico (1930-1960)* Orbis Tertius, 1997 2(4). ISSN 1851-7811

Said, E. "Orientalism", New York: Vintage, 1979.

Sarlo B. 1993. ¿Arcaicos o marginales? Situación de los intelectuales en el fin de siglo. *Punto Vista* 47:1.5

Scarano, Francisco. *The Jibaro Masquerade and the subaltern Politics of Creole Identity Formation in Puerto Rico, 1745-1823*, American Historical Review 101 (December 1996)

Scott, James C. "Domination of the Arts of Resistance: Hidden Transcript". New Haven: Yale UP, 1990

Secchi, D. *"Altruism and Selfish Behavior. The Docility Model Revisite".*
September 2005 http/: eco.uninsuburbia.it

Silén, Iván. *¡La Universidad no Existe!.* Revista Observaciones Filosóficas - N° 14 / 2012

Simon, H.A. 1993. "Altruism and Economics." *The American Economic Review*, 83(2):
156-161.

Sloterdijk, P., 2000, *"El desprecio de las masas".* Ensayo sobre las luchas culturales de la sociedad moderna. Valencia: Pre - Textos, 2002.

Steward, J., Ed. "The People of Puerto Rico: A Study in Social Anthropology" Urbana, Il. University of Illinois Press, 1956.

Smith, Anthony D. 1991. National Identity. London: Penguin.

Smith, Anthony. "The Ethnic Origins of Nations", London: Basil Blackwell, 1986

Smith, Anthony D. "On nations and national identity: a critical assessment" (2004)

Spinoza, Baruch de. (2005). *Tratado Político.* Buenos Aires, Quadratta.

Spivak, Gayatari Chakravorty. "Subaltern Studies: Deconstructing Historiography". In Other Worlds: Essays in Cultural Politics (N.Y.: Routledge, 1988: 197)

Trias Monge, Jose. *Puerto Rico: The Trials of the Oldest Colony in the World.* Yale University Press, New Haven, 1997

Trinh Minh-ha. Women, Native, Other: Writing Postcoloniality and Femenism (Bloomington: Indiana University Press, 1989

Torrecilla, Arturo. "La Ansiedad de Ser Puertorriqueño"., Vertigo, San Juan, 2004.

Tugwell, Rexford. ? No existía nada, Mr. Tugwell? Periódico El Mundo, 1 enero, 1945: 6

Tugwell, Rexford. "The Sticken Land" (New York: Doubleday and Co.), 1947.

Tugwell, R. "The Place of Planning in Society". San Juan, Puerto Rican Planning Board, 1956.

Quintero Rivera, A., Their History, Culture and Society" Edited by Adalberto Lopez, "Background to the Emergence of Imperialist Capitalism in Puerto Rico" Schenkman Books, Inc. Rochester, Vermont 1980

Quintero Rivera, A., Los debates sobre "identidad" en la ilusión modernizante de las ciencias sociales del "modelo puertorriqueño de desarrollo" Revista de Ciencias Sociales, número 12. 2003

Vázquez Rocca, Adolfo. "La Posmedernidad; a 30 Annos de la Condicion Posmoderna de Lyotard". Revista Observaciones Filosóficas - N° 9 / 2009

Vásquez Rocca, Liliana. "Foucault y Sloterdijk: Aproximaciones entre Biopolítica y Antropotécnicas: Las nuevas formas de Control y Producción artificial del comportamiento humano". Revista Observaciones Filosóficas - N° 16 / 2013

Viglieca, Olga. Redacción del Clarin, 20 de agosto, 2000)

Wacquant, Loic. *"Towards a Reflexive Sociology: A Workshop with Pierre Bourdieu"*, Sociological Theory, Volume 7, issue 1 (Spring, 1989, 26-63)

Wiggershaus, R. *"Die Frankfurter Schule. Geschichte, Theoretische Entwicklung, Politische Bedeutung"*, München: dtv 1989, p. 175.

Wiggershaus, R. *"Die Frankfurter Schule. Geschichte, Theoretische Entwicklung, Politische Bedeutun"*, München: dtv 1989, p. 175.

Wodak Ruth, Rudolf de Cillia, Martin Reisigl and Karin Liebhart. THE DISCURSIVE CONSTRUCTION OF NATIONAL IDENTITY, Edinburgh University Press, SECOND EDITION, 2009

Zamora, Jose. "El enigma de la docilidad: Teoría de la sociedad y psicoanálisis en Th. W. Adorno" Instituto de Filosofía – CSIC, 2010